TRAITÉ COMPLET

DES

COMPTES COURANTS

ET

D'INTÉRÊTS

COMPRENANT LES OPÉRATIONS DE BANQUE EN GÉNÉRAL,
TOUTES LES MÉTHODES POUR CALCULER L'INTÉRÊT ET L'ESCOMPTE A DIVERS TAUX, LES NÉGOCIATIONS,
LES ÉCHÉANCES COMMUNES, LES TABLES POUR LA RECHERCHE DES JOURS ET LA FORMATION DES NOMBRES,
LES DIVISEURS FIXES, LES COMPTES COURANTS PAR TOUTES LES MARCHES USITÉES,
LA COMPARAISON DES DIVERS SYSTÈMES SUIVIS EN BANQUE,
AVEC LA RECTIFICATION DES IRRÉGULARITÉS ET LE MOYEN DE CALCULER SÛREMENT
D'APRÈS DES PREUVES NOUVELLES ;

A l'usage du Commerce, des Capitalistes, des Comptables, des Professeurs et Élèves de
Comptabilité, et de tous les gens d'affaires

PAR

E. MUGNIER

Professeur Expert en Comptabilité, rue des Augustins, 29, Bordeaux.

BORDEAUX

ÉTABLISSEMENT TYPOGRAPHIQUE D'AUGUSTE LAVERTUJON
Rue des Treilles, 7

1865

©

TRAITÉ COMPLET

DES

COMPTES COURANTS ET D'INTÉRÊTS

DE L'INTÉRÊT

On appelle *intérêt* la rétribution à payer pour la jouissance d'une somme.

Une somme produit des intérêts à raison de la durée de sa détention, à un taux convenu ou au taux légal.

D'après l'article 1907 du Code civil, le taux légal est porté à 5 % au maximum, et le taux conventionnel ne saurait dépasser 6 %. Il est d'usage de calculer les intérêts à raison du nombre de jours pendant lesquels la somme a été détenue ; cela se fait en matière civile comme en matière commerciale.

Tout capital n'est productif d'intérêt que le lendemain du jour où il a été prêté, le jour où il a été reçu ne comptant pas ; ainsi, une somme prêtée le 15 septembre et rendue le 30 du même mois n'a produit que 15 jours d'intérêts.

Pour trouver l'intérêt d'une somme pendant un an, il faut multiplier cette somme par le taux de l'intérêt cherché et séparer les décimales [1].

EXEMPLES : N° 1. 450 N° 2. 521.45 N° 3. 112.75
6 %   5 %   4.25 ou 4 1/4 %.

27.00	26.0725	56375
		22550
		45100
		4.791875

[1] Pour avoir l'intérêt d'une somme pendant plusieurs années, il faut d'abord chercher l'intérêt pour un an, et le multiplier ensuite par le nombre d'années.

Remarque. — Dans ces sortes d'opérations, il faut d'abord séparer, sur la droite du produit, deux décimales pour la raison du tant pour cent (ceci invariablement, car l'intérêt se calcule sur chaque centaine de francs); de plus, on sépare autant de chiffres décimaux qu'en contiennent les deux facteurs. Ainsi, dans le premier exemple, il n'y a pas de décimales ni à l'un ni à l'autre des deux facteurs, on ne séparera donc que deux chiffres décimaux pour la raison déjà indiquée.

Dans le second cas, il faut séparer quatre décimales, dont deux pour la raison du tant pour cent et deux autres parce que le multiplicande contient deux chiffres décimaux; le multiplicateur n'en a pas.

Enfin, dans le troisième exemple, il faut séparer six chiffres décimaux, dont deux pour le tant pour cent, et quatre autres, parce que chacun des facteurs comprend deux décimales.

Ce principe s'applique à tous les cas possibles, quel que soit le taux de l'intérêt cherché, qu'il s'agisse d'une somme plus ou moins forte et d'un temps plus ou moins long.

La nécessité de rendre prompts et faciles les calculs d'intérêt en matière de banque a porté le commerce à adopter généralement la réduction de 365 à 360 jours pour le nombre de jours dont se composerait l'année commerciale.

Il y aurait donc, entre l'année commerciale et l'année civile, une différence de cinq jours, et quand l'année se trouverait bissextile, six jours de différence.

Comme on le verra plus loin, l'intérêt calculé d'après la méthode commerciale s'élève toujours à un chiffre plus fort que s'il est calculé d'après la méthode dite civile.

Ces résultats sont sans importance dans le commerce et entre correspondants dont les opérations réciproques se traitent, sans exception, d'après la même règle; mais ils ont quelquefois des conséquences graves pour les personnes non commerçantes qui tiennent, soit à ne payer, soit à ne recevoir que l'intérêt légitimement dû.

Règle générale. — Dans toute opération d'intérêt, il faut multiplier la somme par les jours pour obtenir ce que l'on appelle les *nombres*, et on agit sur ces nombres avec des diviseurs fixes appartenant à la méthode civile ou à la méthode commerciale, suivant le cas; la division des nombres par ces diviseurs fixes donne l'intérêt qui leur correspond. On séparera les décimales comme nous l'avons indiqué précédemment, à moins qu'on n'emploie le procédé suivant :

Dans la recherche des nombres, si la somme avait moins de 0,50 c., on négligerait les décimales; si, au contraire, cette somme contenait des décimales allant à 0,50 c. ou au dessus, on devrait forcer la somme de 1 fr., avant de la multiplier par les jours.

Note. — On dit caractéristiquement *faire les nombres* d'une somme, bien qu'il n'y ait là qu'un seul nombre ; il faut admettre ce terme technique.

Dans les comptes courants et d'intérêts, on supprime parfois deux chiffres sur la droite de chaque nombre, dans le but d'abréger les calculs ; dans ce cas, il faut forcer le nombre conservé d'une unité, quand la fraction laissée de côté va à 50 ou excède cette fraction.

Par contre, si le chiffre abandonné n'égale pas 50, le nombre conservé ne subit pas d'altération ; cependant, pour être fixé, voir nos explications sous le compte courant n° 7.

Nous venons de dire qu'il fallait multiplier le capital ou la somme par le nombre de jours pendant lesquels il y avait production d'intérêt, et qu'on devait diviser le produit par un diviseur fixe correspondant au taux de l'intérêt cherché ; avant de poser des exemples, il nous faut :

1° Donner le moyen de trouver les jours compris entre deux dates quelconques ;

2° Indiquer la manière de trouver les diviseurs fixes ;

3° Définir ce système de calcul d'intérêt.

EXPLICATION DES TABLES

POUR LA RECHERCHE DES JOURS

La pratique nous a démontré que le système de tables que nous donnons ici était préférable à tout ce qui a été fait jusqu'à présent pour faciliter la recherche des jours compris entre deux dates. L'usage de ces tables est facile, les résultats qu'elles donnent sont incontestablement sûrs. Toutefois, nous donnerons plus loin d'autres tableaux qui servent pour la recherche des jours dans la banque et dans le commerce.

Pour se servir de la table civile, il faut prendre la première des deux dates, chercher le quantième dans la première colonne verticale, le nom du mois dans la tranche horizontale ; la colonne et la tranche forment une case à l'endroit où elles se rencontrent : dans cette case est un nombre qu'il faut prendre en note. On fait ensuite la même opération pour la seconde date et on soustrait le plus petit nombre du plus grand : la différence représente les jours écoulés entre les deux dates.

Dans la table disposée pour l'année commerciale, tous les mois ont 30 jours, tandis que dans la table civile, les mois sont notés comme dans le calendrier. La manière de se servir de la table commerciale est la même que pour la table d'après l'année civile.

TABLE CIVILE POUR LA RECHERCHE DES JOURS COMPRIS ENTRE DEUX DATES

Janvier	Février	Mars	Avril	Mai	Juin	Juillet	Août	Septemb.	Octobre	Novemb.	Décemb.
1	32	60	91	121	152	182	213	244	274	305	335
2	33	61	92	122	153	183	214	245	275	306	336
3	34	62	93	123	154	184	215	246	276	307	337
4	35	63	94	124	155	185	216	247	277	308	338
5	36	64	95	125	156	186	217	248	278	309	339
6	37	65	96	126	157	187	218	249	279	310	340
7	38	66	97	127	158	188	219	250	280	311	341
8	39	67	98	128	159	189	220	251	281	312	342
9	40	68	99	129	160	190	221	252	282	313	343
10	41	69	100	130	161	191	222	253	283	314	344
11	42	70	101	131	162	192	223	254	284	315	345
12	43	71	102	132	163	193	224	255	285	316	346
13	44	72	103	133	164	194	225	256	286	317	347
14	45	73	104	134	165	195	226	257	287	318	348
15	46	74	105	135	166	196	227	258	288	319	349
16	47	75	106	136	167	197	228	259	289	320	350
17	48	76	107	137	168	198	229	260	290	321	351
18	49	77	108	138	169	199	230	261	291	322	352
19	50	78	109	139	170	200	231	262	292	323	353
20	51	79	110	140	171	201	232	263	293	324	354
21	52	80	111	141	172	202	233	264	294	325	355
22	53	81	112	142	173	203	234	265	295	326	356
23	54	82	113	143	174	204	235	266	296	327	357
24	55	83	114	144	175	205	236	267	297	328	358
25	56	84	115	145	176	206	237	268	298	329	359
26	57	85	116	146	177	207	238	269	299	330	360
27	58	86	117	147	178	208	239	270	300	331	361
28	59	87	118	148	179	209	240	271	301	332	362
29		88	119	149	180	210	241	272	302	333	363
30		89	120	150	181	211	242	273	303	334	364
31		90		151		212	243		304		365

N° 1.

TABLE COMMERCIALE POUR LA RECHERCHE DES JOURS ENTRE DEUX ÉPOQUES QUELCONQUES

Janvier	Février	Mars	Avril	Mai	Juin	Juillet	Août	Septemb.	Octobre	Novemb.	Décemb.
1	31	61	91	121	151	181	211	241	271	301	331
2	32	62	92	122	152	182	212	242	272	302	332
3	33	63	93	123	153	183	213	243	273	303	333
4	34	64	94	124	154	184	214	244	274	304	334
5	35	65	95	125	155	185	215	245	275	305	335
6	36	66	96	126	156	186	216	246	276	306	336
7	37	67	97	127	157	187	217	247	277	307	337
8	38	68	98	128	158	188	218	248	278	308	338
9	39	69	99	129	159	189	219	249	279	309	339
10	40	70	100	130	160	190	220	250	280	310	340
11	41	71	101	131	161	191	221	251	281	311	341
12	42	72	102	132	162	192	222	252	282	312	342
13	43	73	103	133	163	193	223	253	283	313	343
14	44	74	104	134	164	194	224	254	284	314	344
15	45	75	105	135	165	195	225	255	285	315	345
16	46	76	106	136	166	196	226	256	286	316	346
17	47	77	107	137	167	197	227	257	287	317	347
18	48	78	108	138	168	198	228	258	288	318	348
19	49	79	109	139	169	199	229	259	289	319	349
20	50	80	110	140	170	200	230	260	290	320	350
21	51	81	111	141	171	201	231	261	291	321	351
22	52	82	112	142	172	202	232	262	292	322	352
23	53	83	113	143	173	203	233	263	293	323	353
24	54	84	114	144	174	204	234	264	294	324	354
25	55	85	115	145	175	205	235	265	295	325	355
26	56	86	116	146	176	206	236	266	296	326	356
27	57	87	117	147	177	207	237	267	297	327	357
28	58	88	118	148	178	208	238	268	298	328	358
29	59	89	119	149	179	209	239	269	299	329	359
30	60	90	120	150	180	210	240	270	300	330	360

N° 2.

EXEMPLE POUR LA TABLE CIVILE

Combien y a-t-il de jours entre le 15 avril et le 20 août 1565?

Ayant cherché 15 dans la première colonne verticale, et le nom du mois d'*avril* dans la première tranche horizontale, on suit cette colonne et cette tranche, et, dans la case qu'elles forment en se croisant, on lit 105; on cherche ensuite 20 dans la première colonne verticale, *août* dans la tranche horizontale, et à l'endroit où se croisent cette colonne et cette tranche, on lit 232; soustrayant 105 de 232, on a pour reste 127, nombre qui est en effet celui des jours écoulés entre ces deux dates. S'il s'agissait d'un nombre de jours à trouver entre deux dates dont la première appartiendrait à 1864 et l'autre à 1865, voici comment il faudrait faire :

Supposons que l'on cherche les jours écoulés entre le 10 novembre 1864 et le 15 avril 1865. — Par le moyen déjà indiqué, nous trouvons pour notre première date 314, qu'il faut soustraire de 365, nombre de jours composant l'année; il reste 51 jours; trouvant pour la seconde date 105 dans la case de rencontre, nous additionnons ces 105 jours avec les 51 jours précédemment trouvés, et le nombre 156 nous représente les jours qui séparaient la première date de la seconde. Si l'année était bissextile, que le mois de février eût, conséquemment, 29 jours, il faudrait ajouter un jour au nombre trouvé, cela ferait 157; cette addition n'a lieu, bien entendu, que dans le cas où février est compris entre les deux époques dont on cherche la distance.

EXEMPLE POUR L'USAGE DE LA TABLE ET DES DIVISEURS FIXES DANS LE COMMERCE

Calculer l'intérêt de 364 fr., du 20 juillet au 15 novembre 1865, à 4 1/2 %.?
(Le diviseur fixe est 80.)

A l'endroit de la table où se croisent la colonne verticale du mois de *juillet* avec la colonne horizontale de la date du 20, on trouve le nombre 200, qu'il faut soustraire de 315, nombre de jours occupant la case de rencontre de la ligne verticale de *novembre* avec la ligne horizontale correspondant à la date du 15; le reste, 115 jours, exprime le temps pendant lequel les 364 fr. sont productifs d'intérêts.

$$\text{Solution :} \qquad \frac{364 \times 115 = 41.860 \text{ N.}}{80 = 5 \text{ fr. } 23 \text{ d'intérêt.}}$$

Observation. — Quand les dates entre lesquelles on recherche les jours appartiendront à la même année, on pourra, si on est rompu à l'usage des tables, chercher d'abord les jours de la date la plus avancée dans l'année, et, seulement après, les jours de la première date, c'est à dire de la date la plus reculée. De cette façon, on a, en premier lieu, le plus fort nombre de jours, et, en second lieu, le plus petit nombre; ce qui fait que la soustraction est mieux ordonnée.

AUTRES SYSTÈMES DE TABLES

DONNANT LES JOURS COMPRIS ENTRE DEUX DATES

Nous plaçons encore dans cet ouvrage deux tableaux dont l'usage est fort répandu dans le commerce, et surtout en matière de banque.

TABLE DITE CIVILE

N° 3,

	Janvier	Février	Mars	Avril	Mai	Juin	Juillet	Août	Septembre	Octobre	Novembre	Décembre
Du 1er Janvier	365	31	59	90	120	151	181	212	243	273	304	334
Février	334	365	28	59	89	120	150	181	212	242	273	303
Mars	306	337	365	31	61	92	122	153	184	214	245	275
Avril	275	306	334	365	30	61	91	122	153	183	214	244
Mai	245	276	304	334	365	31	61	92	123	153	184	214
Juin	214	245	273	304	334	365	30	61	92	122	153	183
Juillet	184	215	243	274	304	335	365	31	62	92	123	153
Août	153	184	212	243	273	304	334	365	31	61	92	122
Septembre	122	153	181	212	242	273	303	334	365	30	61	91
Octobre	92	123	151	182	212	243	273	304	335	365	31	61
Novembre	61	92	120	151	181	212	242	273	304	334	365	30
Décembre	31	62	90	121	151	182	212	243	274	304	335	365

2

TABLEAU CALCULÉ D'APRÈS L'ANNÉE COMMERCIALE

MOIS	1	2	3	4	5	6	7	8	9	10	11	12
Janvier	Février 30	Mars 60	Avril 90	Mai 120	Juin 150	Juillet 180	Août 210	Septembre 240	Octobre 270	Novembre 300	Décembre 330	Janvier 360
Février	Mars 30	Avril 60	Mai 90	Juin 120	Juillet 150	Août 180	Septembre 210	Octobre 240	Novembre 270	Décembre 300	Janvier 330	Février 360
Mars	Avril 30	Mai 60	Juin 90	Juillet 120	Août 150	Septembre 180	Octobre 210	Novembre 240	Décembre 270	Janvier 300	Février 330	Mars 360
Avril	Mai 30	Juin 60	Juillet 90	Août 120	Septembre 150	Octobre 180	Novembre 210	Décembre 240	Janvier 270	Février 300	Mars 330	Avril 360
Mai	Juin 30	Juillet 60	Août 90	Septembre 120	Octobre 150	Novembre 180	Décembre 210	Janvier 240	Février 270	Mars 300	Avril 330	Mai 360
Juin	Juillet 30	Août 60	Septembre 90	Octobre 120	Novembre 150	Décembre 180	Janvier 210	Février 240	Mars 270	Avril 300	Mai 330	Juin 360
Juillet	Août 30	Septembre 60	Octobre 90	Novembre 120	Décembre 150	Janvier 180	Février 210	Mars 240	Avril 270	Mai 300	Juin 330	Juillet 360
Août	Septembre 30	Octobre 60	Novembre 90	Décembre 120	Janvier 150	Février 180	Mars 210	Avril 240	Mai 270	Juin 300	Juillet 330	Août 360
Septembre	Octobre 30	Novembre 60	Décembre 90	Janvier 120	Février 150	Mars 180	Avril 210	Mai 240	Juin 270	Juillet 300	Août 330	Septembre 360
Octobre	Novembre 30	Décembre 60	Janvier 90	Février 120	Mars 150	Avril 180	Mai 210	Juin 240	Juillet 270	Août 300	Septembre 330	Octobre 360
Novembre	Décembre 30	Janvier 60	Février 90	Mars 120	Avril 150	Mai 180	Juin 210	Juillet 240	Août 270	Septembre 300	Octobre 330	Novembre 360
Décembre	Janvier 30	Février 60	Mars 90	Avril 120	Mai 150	Juin 180	Juillet 210	Août 240	Septembre 270	Octobre 300	Novembre 330	Décembre 360

N° 4.

On se procure, au moyen de ces tableaux, le nombre de jours compris entre deux époques données, et, pour opérer facilement, il suffit de lire avec attention les explications que nous allons donner. D'abord, le tableau n° 3 donne les jours de l'année civile, et, pour trouver un intérêt juste, il faudrait employer sur les nombres des diviseurs civils ; les banquiers qui ne le font pas causent un préjudice à leurs clients, nous le démontrerons. Si on veut employer les diviseurs du commerce (car c'est plus facile), il faut être conséquent, et se servir du tableau n° 4 pour être équitable.

Nous prendrons quatre exemples, parce que dans la recherche des jours il peut se présenter quatre cas. Nous procéderons à l'aide du tableau n° 3 d'abord.

1° Il peut se faire que la date du mois soit la même dans les deux époques données.

PREMIER EXEMPLE : *Combien de jours y a-t-il du 25 avril au 25 août?*

Il faut chercher dans la colonne oblique de gauche la case du mois d'*avril*, suivre la tranche horizontalement jusqu'à la case où cette tranche se croise avec la colonne verticale au dessus de laquelle on lit : *août;* au point de rencontre de la tranche avec la colonne, on voit 122. C'est le nombre de jours demandé.

2° Il peut arriver que la seconde époque ait une date supérieure à celle de la première époque.

DEUXIÈME EXEMPLE : *On demande le nombre de jours qu'il y a du 10 août au 20 novembre?*

On cherche la case d'*août*, et, suivant dans le sens horizontal la tranche de cette case, on rencontrera la ligne verticale de *novembre;* au point de rencontre, on lit 92 jours du 10 *août* au 10 *novembre;* mais, comme il manque 10 jours pour arriver au 20 novembre, on ajoute — et cela de mémoire — 10 jours à 92 : on trouve alors 102 jours, temps écoulé entre le 10 août et le 20 novembre.

3° Parfois, c'est la première époque qui a une date supérieure à celle de la seconde époque.

TROISIÈME EXEMPLE : *Trouver le nombre de jours qu'il y a du 30 mars au 15 septembre?*

Par le moyen que nous venons d'employer, nous trouvons du 30 *mars* au 30 *septembre* 184 jours. Nous disons ici au 30 septembre ; mais nous devions aller au 15 de ce mois seulement : 15 jours sont donc à déduire, et, de mémoire la chose est facile, il reste donc pour le temps cherché 169 jours.

4° Enfin, il s'agit quelquefois de déterminer les jours entre deux dates dont la première appartient à une année et la seconde date à l'année suivante.

QUATRIÈME EXEMPLE : *Combien de jours séparent le 10 novembre 1864 du 15 avril 1865?*

Il faut faire deux opérations :

La première consiste à chercher dans la colonne disposée en sens oblique à gauche le mois de *novembre ;* se diriger, en suivant horizontalement la même ligne, à la rencontre de la case du mois de *janvier ;* on trouve ainsi 61 jours, desquels il faut soustraire 10 jours, en raison de ce que nous ne devons compter que du 10 novembre ; cela fait 51 jours, ci . . . .   51 jours.

Puis on cherche du 1er janvier au 1er avril les jours, on trouve 90, nombre auquel on ajoute 15 jours, puisque nous allons jusqu'au 15 avril ; cela fait.   105   »

TOTAL. . . . .   156 jours.

L'usage de la table commerciale est le même qu'en matière civile ; seulement il faut, pour les additions ou les déductions à faire de mémoire, rigoureusement considérer chaque mois comme étant de 30 jours. *(Voir le 4e tableau.)*

EXEMPLE : *Du 10 janvier au 21 mars, combien de jours ?*

On cherche dans la première colonne verticale de gauche le nom du mois de *janvier,* et, suivant la tranche de ce mois horizontalement jusqu'à la case de *mars,* on s'y arrête pour lire 60 jours du 10 janvier au 10 mars ; mais, comme ici il s'agit du 21 mars, il faut ajouter de mémoire 11 à 60 jours déjà trouvés, ce qui donne 71 pour le nombre de jours demandé.

———

DES DIVISEURS FIXES

Pour trouver le diviseur correspondant à un intérêt quelconque, il faut diviser le total des jours de l'année, 360 ou 365, par le taux de cet intérêt.

La division de 360 par le taux de l'intérêt, depuis 1 % jusqu'à 6 %, procure les diviseurs en usage dans le commerce.

EXEMPLES :

360	1 %		360	4 %
	360			90
360	2 %		360	5 %
	180			72
360	3 %		360	6 %
	120			60

Par abréviation, on supprime le zéro sur la droite des diviseurs qui en contiennent un : ce qui fait que quand on utilise de pareils diviseurs, contenus 10 fois de trop dans le dividende, il faut, outre la séparation des décimales, qui doit se faire comme il est dit au commencement de cet ouvrage, séparer encore un chiffre sur la droite du quotient pour le rendre 10 fois plus faible et ainsi le ramener à ce qu'il doit être.

En sorte qu'on divisera les nombres par :

36 pour avoir l'intérêt à 1 %	9 pour avoir l'intérêt à 4 %	
18 — — 2 %	72 — — 5 %	
12 — — 3 %	6 — — 6 %	

Quand on utilisera le diviseur de 5 %, soit 72, on n'aura pas à séparer une décimale de plus dans ce cas, parce qu'on n'a pas retranché de chiffre sur la droite de ce diviseur.

La division de 365 par les différents taux de l'intérêt donne des diviseurs civils.

(Pour plus de justesse, il faut pousser les décimales jusqu'aux centièmes.)

EXEMPLES :

365	1 %		365	4 %
	365 »			91 25

365	2 %		365	5 %
	182 50			73 »

365	3 %		365	6 %
	121 66			60 83

Voici un tableau complet des diviseurs fixes du commerce, et, plus loin, un autre tableau indiquant les diviseurs civils.

Ces chiffres sont le résultat de la division des jours de l'année par l'intérêt, mais il est à observer qu'on a ajouté au dividende deux zéros pour obtenir un quotient très exact.

Nous donnons ici des diviseurs fixes propres à faire trouver l'intérêt depuis le taux de 1 % jusqu'à 10 % en graduant ces taux de $1/4$ en $1/4$.

DIVISEURS D'APRÈS L'ANNÉE COMMERCIALE

1 %	36000	5 3/4 %	6262
1 1/4 %	28800	6 %	6000
1 1/2	24000	6 1/4 %	5760
1 3/4	20571	6 1/2	5538
2 %	18000	6 3/4	5333
2 1/4 %	16000	7 %	5143
2 1/2	14400	7 1/4 %	4966
2 3/4	13091	7 1/2	4800
3 %	12000	7 3/4	4645
3 1/4 %	11077	8 %	4500
3 1/2	10286	8 1/4 %	4363
3 3/4	9600	8 1/2	4235
4 %	9000	8 3/4	4114
4 1/4 %	8471	9 %	4000
4 1/2	8000	9 1/4 %	3891
4 3/4	7579	9 1/2	3789
5 %	7200	9 3/4	3692
5 1/4 %	6857	10 %	3600
5 1/2	6545		

N° 5.

DIVISEURS D'APRÈS L'ANNÉE CIVILE

1 %	36500	5 3/4 %	6348
1 1/4 %	29200	6 %	6083
1 1/2	24333	6 1/4 %	5840
1 3/4	20857	6 1/2	5615
2 %	18250	6 3/4	5407
2 1/4 %	16222	7 %	5214
2 1/2	14600	7 1/4 %	5034
2 3/4	13272	7 1/2	4866
3 %	12166	7 3/4	4709
3 1/4 %	11231	8 %	4562
3 1/2	10428	8 1/4 %	4424
3 3/4	9733	8 1/2	4294
4 %	9125	8 3/4	4171
4 1/4 %	8588	9 %	4055
4 1/2	8111	9 1/4 %	3946
4 3/4	7684	9 1/2	3842
5 %	7300	9 3/4	3743
5 1/4 %	6952	10 %	3650
5 1/2	6636		

N° 6.

OBSERVATIONS

Quelques personnes trouvent qu'il est rationnel, quand la somme dont on calcule l'intérêt contient des décimales, de multiplier cette somme tout entière, francs et centimes, par le nombre de jours. Dans ce cas, il faut retrancher deux chiffres sur la droite des nombres, les supprimer même avant d'user du diviseur fixe ; autrement il faudrait, sur la droite du chiffre représentant l'intérêt, séparer quatre décimales.

EXEMPLE : *120 fr. 45 cent. pendant 90 jours à 6 %, combien d'intérêt ?* (Table du commerce.)

SOLUTION. — 120,45 $\times$ 90 égale 1,084.050 nombres divisés par 60 égale 1 fr. 80 qu'on a trouvé en supprimant d'abord les deux derniers chiffres des nombres qui deviennent 10,840 divisés par 6 ensuite, avec séparation au quotient de trois décimales.

Certes, on peut bien diviser les nombres tels qu'ils sont par le diviseur fixe 60, cela fera 1,084,050 : 60 = 18,067 N. ; alors il faut séparer 4 décimales : deux pour la raison du *tant* pour *cent*, et deux autres en raison de ce que la somme en contient deux aussi. Mais, en suivant la méthode expéditive précédemment indiquée, on aurait négligé les centimes de la somme en faisant les nombres, et cela aurait donné : 120 $\times$ 90 = 10,800 N. : 6 = 1,800, ou 1 fr. 80 c. en séparant trois décimales.

Il faut éviter, en calculant les intérêts en général, cette fausse manœuvre qui consiste à prendre le nombre de jours compris entre les deux dates tels qu'ils sont réellement dans l'année civile, et de diviser les nombres qui en résultent par le diviseur indiqué dans le tableau calculé pour l'année commerciale.

Il est vrai que les diviseurs commerciaux sont souvent des nombres ronds, et qu'en les utilisant on trouve plus de facilité dans le calcul ; alors, si on veut en user, il faut absolument chercher les jours au moyen de la table commerciale, autrement on serait en différence d'à peu près *1 fr. 3/8 % en trop* avec l'intérêt réel. *[Voir plutôt nos comptes courants nos 12 et 13, et leur définition.]*

On peut déjà voir, par les exemples suivants, que parfois il y a entre l'intérêt trouvé par la méthode civile et l'intérêt que procure la méthode de l'année commerciale une assez sensible différence ; nous le démontrerons plus complètement dans les comptes courants.

Soit, 8,500 fr. prêtés le 1er janvier pour 4 mois :

Cela fait 120 jours du 1ᵉʳ janvier au 1ᵉʳ mai, aussi bien d'après l'année civile que d'après l'année commerciale.

A 5 %

$$\text{Diviseur commercial : } \frac{8500 \times 120 \text{ (N. 1,020,000)}}{72} = \text{Égale : F. 141 66}$$

$$\text{Diviseur civil : } \frac{8500 \times 120}{73} = 139\ 72$$

Différence : F. 1 94 au préjudice de l'emprunteur.

A 6 %

$$\text{Diviseur commercial : } \frac{8500 \times 120 \text{ (N. 1,020,000)}}{6000} = \text{Égale : F. 170 »}$$

$$\text{Diviseur civil : } \frac{8500 \times 120}{6083} = 167\ 68$$

Différence : F. 2 32 au préjudice de l'emprunteur.

Remarque essentielle. — On sait que pour trouver l'intérêt d'une somme pendant une année, il suffit de multiplier le capital par le taux ; mais malheureusement ce procédé abréviatif ne peut s'employer dans les opérations où les jours sont plus ou moins nombreux que ceux dont se compose l'année.

Toutefois, en dehors de ce moyen si simple, on peut aussi trouver l'intérêt d'une somme pendant *un an* à un *taux* quelconque en multipliant cette somme par les jours de cette année et en divisant les nombres par le diviseur fixe voulu.

Soit donné : 100 fr. pendant 1 an, à 6 %.

$$\text{SOLUTION : } \frac{100 \times 360 = 36000 \text{ N.}}{60} = 6\ \text{fr.}$$

D'où il suit que ce qui se peut pour le tout se peut aussi pour la partie, suivant le système de calcul actuel; en sorte qu'il importe peu que la somme soit plus ou moins forte, le taux plus ou moins élevé et le temps plus ou moins long; bien entendu, l'opération est généralement la même.

Exemples : *1000 fr. pendant un an, à 5 %, soit :*

$$\frac{1000 \times 360}{72} = 50^f$$

2000 fr. pendant un jour, à 6 %, soit :

$$\frac{2000 \times 1}{60} = 0^f33^c3^m$$

500 fr. pendant 420 jours, à 4 %, soit :

$$\frac{500 \times 420}{90} = 23^f33^c$$

Ce raisonnement est aussi applicable aux calculs d'après la méthode civile.

Maintenant, toutes les fois que le taux de l'intérêt est un diviseur exact de 360, il est facile de trouver un terme abréviatif.

EXEMPLES D'INTÉRÊTS

CALCULÉS DE 1 A 10 %, D'APRÈS L'ANNÉE COMMERCIALE

AU TAUX DE 1 %.

Faire les nombres en multipliant la somme par les jours, diviser ce produit par le diviseur fixe 36, et séparer trois décimales [1].

Exemple : *912 fr. pendant 187 jours à 1 %.*

```
        912
        187
       ----
       6384
       7296
        912
```

Nombres :	170544	36
	265	4,737
	134	
	264	
	12	

On peut également prendre le 1/6·· des nombres ; on obtient ainsi l'intérêt à 6 %, soit 28 fr. 42 ; considérant, alors, que l'intérêt à 1 % est la sixième partie de 6 %, on n'a qu'à prendre le 1/6·· de 28 fr. 42 c. pour avoir le 1 % cherché.

C'est, dans ce cas, 4 fr. 73 c.

EXEMPLE :

Nombres :	170544	
A 6 % :	28,424	le 1/6··
A 1 % :	4,737	le 1/6··

AU TAUX DE 2 %.

Diviser les nombres par 18 et séparer les décimales ;

[1] Deux décimales en raison du *tant pour cent*, et ne parce qu'on a divisé par 36, et non par 360, diviseur fixe.

Ou bien, après avoir pris l'intérêt à 6 %, en prendre le ¹/₃. (En effet, 2 % est le ¹/₃ de 6 %.)

EXEMPLE : *815 fr. pendant 231 jours à 2 %.*

```
          815
          231
          815
         2445
         1630
Nombres :  188265   | 18
           82       10,459
          106
          165
            3
```

Nombres : 188265
A 6 % :   31,377   le ¹/₆**.
A 2 % :   10,459   le ¹/₃.

AU TAUX DE 3 %.

Diviser les nombres par 12 et séparer les décimales;

Ou prendre l'intérêt à 6 % d'abord, et la moitié de cet intérêt ensuite (3 % étant la moitié de 6 %).

EXEMPLE : *440 fr. pendant 312 jours à 3 %.*

```
          440
          312
          880
          440
         1320
Nombres :  137280   | 12
           17       11,440
           52
           48
           00
```

Nombres : 137280
A 6 % :   22,880   le ¹/₆**.
A 3 % :   11,440   le ¹/₂ (soit la moitié).

AU TAUX DE 4 %.

Diviser les nombres par 9, ou bien, de l'intérêt à 6 % retrancher 2 %. (En effet, 6 % moins 2 % égale 4 %.)

EXEMPLE : *325 fr. 30 c. pendant 146 jours à 4 %.*

```
        325
        146
      ─────
       1950
       1300
        325
```

```
Nombres :   47450  |   9
             24    | 5,272
             65    |
             20    |
              2    |
```

```
Nombres : 47450
A 6 %:    7,908   le 1/6··.
A 2 %:    2,636   le 1/3 à déduire.
A 4 %:    5,272
                  ═════
```

NOTA. — Les 30 centimes doivent être négligés dans la multiplication par les jours.

AU TAUX DE 5 %.

Faire les nombres, les diviser par 72, et séparer deux décimales au quotient ; ou bien retrancher 1 % de 6 % (il restera évidemment 5 %) et séparer trois décimales.

EXEMPLE : *528 fr. 65 c. pendant 83 jours à 5 %.*

(Il faut, avant de faire les nombres, augmenter la somme de 1 fr. en raison des 65 c.)

```
        529
         83
      ─────
       1587
       4232
```

```
Nombres : 43907  |   72
            707   | 6,09,8ᵐ
            590   |
             14   |
```

```
Nombres : 43907
A 6 %:    7,317   le 1/6··.
A 1 %:    1,219   le 1/6·· à sortir.
A 5 %:    6,098
                  ═════
```

AU TAUX DE 6 %.

Prendre le $\frac{1}{6}$·· des nombres et séparer trois chiffres décimaux sur la droite du produit.

EXEMPLE : *266 fr. 50 pendant 1 an, 3 mois et 12 jours.*

Observation. — Il faut déterminer les jours à l'aide de la table commerciale, et l'on trouve, dans ce cas, que la somme donnée est productive d'intérêt pendant 462 jours. En raison de ce que les centimes de la somme s'élèvent à 50, il faut forcer la somme de 1 fr. avant de faire les nombres.

SOLUTION :

$$
\begin{array}{r}
267 \\
462 \\
\hline
534 \\
1602 \\
1068 \\
\end{array}
$$

Nombres : 123354

A 6 % : 20,559   le 1/6ᵐᵉ.

Quand on a l'intérêt à 6 %, il est facile d'obtenir l'intérêt à tous les autres taux, 6 étant un diviseur exact de 360.

Voici comment on pourrait trouver facilement l'intérêt à des taux plus élevés :

A 7 % : l'intérêt à 6 % étant pris, y ajouter 1 %.

A 8 % : doubler le 4 %, ou bien au 6 % ajouter 2 %.

A 9 % : prendre le 1/4 des nombres, ou au 6 % ajouter 3 %.

A 10 % : doubler le 5 %, ou plutôt prendre le 1 % sur les nombres, et ne séparer que deux décimales au lieu de trois.

DES INTÉRÊTS

A UN TAUX FRACTIONNAIRE

Pour les intérêts calculés d'après la méthode civile, les opérations sont plus longues ; il faut compter les jours et les mois pour ce qu'ils sont, d'après le calendrier, et diviser les nombres par des diviseurs un peu chargés en chiffres ; tandis qu'en matière commerciale, nous l'avons vu, les mois sont tous de 30 jours, voire même Février, et les diviseurs sont souvent des nombres ronds.

Quant aux intérêts fractionnaires par 1/4, 1/2, 3/4, nous sommes fixés ; dans les deux méthodes, on fait les nombres d'abord, et ensuite on les divise par les diviseurs indiqués précédemment.

Remarque. — Nous savons que pour trouver les diviseurs correspondants aux intérêts de 1 à 10 %, que le taux soit ou ne soit pas fractionnaire, qu'il s'agisse de la table commerciale ou de la table civile, il faut ajouter deux zéros au nombre de jours de l'année pour l'exactitude du quotient ; qu'on se méfie alors, et qu'en employant de pareils diviseurs, on n'oublie pas d'ajouter deux zéros sur la droite des nombres pour les mettre en rapport avec leurs diviseurs.

EXEMPLE : *120 fr. pendant 110 jours à 4 1/4 %* (diviseur du commerce, 8471).

Solution :   120   Nombres : 1320000 | 8471
               110   47290 | 1,55
              ————   49350
              1200   6995
               120
              —————
             13200 Nombres.

Dans ces sortes d'opérations, on sépare deux décimales.

Voici encore quelques exemples qui feront comprendre la manière de trouver les intérêts fractionnaires non gradués de $1/4$ en $1/4$ (en matière commerciale).

PREMIER EXEMPLE : *600 fr. pendant 160 jours à 5 $2/3$ %.*

NOTA. — Ici, il faut remarquer que pour avoir l'intérêt à $1/3$, $1/5$, $1/7$, $1/8$ %, il suffit de prendre l'intérêt à 1 %, et ensuite d'en prendre le $1/3$, le $1/5$, etc.; puis, il faut séparer trois décimales.

Soit 120 fr. pendant 110 jours à $1/3$ % :

$120 \times 110 = 13200$ N.

    2,200   A 6 % :   c'est le $1/6$ des nombres.

    0,366   A 1 % :   c'est le $1/6$ du premier $1/6^e$.

    0,06°1   A 0 $1/3$ % : c'est le $1/3$ du dernier $1/6^e$ trouvé.

SOLUTION DU PREMIER EXEMPLE :

$600 \times 160 = 96000$ soit : Nombres : 96000

    Le $1/6^e$: F. 16,000 à 6   %.

    A déduire : 2,666 à 1   %.

    Reste : F. 13,334 à 5   %.

A 1 %, c'est 2666 divisé par 3 = 888 $\times$ 2 égale 1,776 à $2/3$ %.

    Réponse : F. 15,110 à 5 $2/3$ %.

DEUXIÈME EXEMPLE : *1,400 fr. pendant 290 jours à 4 $2/5$ %.*

    $1,400 \times 290 =$ N. 406000

    Le $1/9$: F. 45,111 à 4   %.

A 1 %, les nombres donnent 11f 277m : 5 = 2,255 $\times$ 2, soit : 4,510 à $2/5$ %.

    Réponse : F. 49,621 à 4 $2/5$ %.

TROISIÈME EXEMPLE : *1,220 fr. pendant 90 jours à 3 $4/7$ %.*

    $1,220 \times 90 =$ N. 109800

    Le $1/6$: F. 18,300 à 6   %.

    Le $1/2$: F. 9,150 à 3   %.

A 1 %, les nombres donnent 3f 050m : 7 = 0,43,5 $\times$ 4 = 1,740 à $4/7$ %.

    Réponse : F. 10,890 à 3 $4/7$ %.

QUATRIÈME EXEMPLE : *9,000 fr. pendant 80 jours à 5 7/8 %.*

$$9,000 \times 80 = \text{N. } 720000$$

F. 120,000 à 6 %.

A déduire : 20,000 à 1 %.

Reste : F. 100,000 à 5 %.

A 1 %, 20ᶠ 00ᶜ : 8 = 2,50 × 7 = 17,500 à 7/8 %.

Réponse : F. 117,500 à 5 7/8 %.

Règle. — Cette méthode consiste à chercher combien de fois le dénominateur de la fraction est contenu dans l'intérêt à 1 % trouvé sur les nombres; on multiplie ensuite le quotient par le numérateur de la fraction, et le produit s'ajoute à l'intérêt calculé à part, d'après le taux représenté par un nombre entier.

SYSTÈMES DIVERS

POUR PRENDRE L'INTÉRÊT EN GÉNÉRAL

Pour terminer nos explications sur la manière de chercher l'intérêt à divers taux, nous donnons un moyen assez simple et très sûr, employé, du reste, en matière de calculs judiciaires :

Il faut faire les nombres d'abord, les multiplier ensuite par le taux de l'intérêt que l'on cherche et diviser le produit par 360, ou par 365, suivant que l'on a affaire à l'année commerciale ou à l'année civile.

Cette manière uniforme de procéder a l'avantage de dispenser de la division vraiment colossale des nombres par les diviseurs fixes, si chargés en chiffres; on s'en sert surtout pour les intérêts fractionnaires, quand la fraction est de 1/4, 1/2 ou 3/4 %.

EXEMPLE : *420 fr. pendant 115 jours à 4 1/2 % (à calculer d'après l'année commerciale).*

$$420 \times 115 = 48300 \text{ N. } \times 4,50 \% = 21,735,000 \text{ N.}$$

Nombres sur la droite desquels il faut séparer 2 chiffres qu'on laisse de côté.

On a donc : 217350 N. : 360 = 6ᶠ 03ᶜ 7ᵐ

EXEMPLE : *250 fr. pendant 165 jours à 5 1/4 % (à calculer d'après l'année civile).*

$$250 \times 165 = 41250 \text{ N. } \times 5,25 = 21,656,250 \text{ N.}$$

Par abréviation, on supprime 2 chiffres sur la droite des nombres, et on force ce qui en reste de 1 unité, car la fraction laissée de côté est de 50. On a donc :

$$216563 : 365 = 5^f 93^c 3^m$$

Observation. — Quelques praticiens ont l'habitude de prendre invariablement le tiers des nombres; ils obtiennent ainsi l'intérêt à 12 %. Ils prennent ensuite la 1/2 de cet intérêt pour le 6 %, le 1/3 pour le 4 %, le 1/4 pour le 3 %, et ainsi de suite. Quant à nous, nous trouvons le procédé facile, mais long, surtout pour les taux avec fractions.

OBSERVATIONS

SUR LES DIVISEURS FIXES

N'oublions pas que le principe de toutes les méthodes est représenté par ceci : 100×360. C'est ce qui produit 36000, nombres qu'il faut diviser par le taux de l'intérêt pour avoir un diviseur relatif à ce taux.

Cette méthode est une abréviation de la *règle de trois.*

EXEMPLE : *4,000 fr. pendant 70 jours à 5 %.*

$$100 \times 360 : 5 : : 4000 \times 70 : X.$$

$$\text{Soit} : \frac{5 \times 4000 \times 70}{36000} = 38^f 88^c$$

Au fait, pour faire comprendre d'où dérivent les diviseurs fixes, reprenons l'exemple ci-dessus en employant la *règle de trois.*

Nous aurons :
$$100 : \quad 4000 : : 5 : X.$$
$$360 : \quad 70 : : X : X'.$$
$$36000 : 280000 : : 5 : X.$$

$$\begin{array}{r} 280000 \\ 5 \\ \hline \end{array}$$

$$\begin{array}{r|l} 1{,}400{,}000 & 36000 \\ 320 & \overline{38{,}88} \\ 320 & \\ 320 & \\ 320 & \end{array}$$

Mais ici, au lieu de multiplier le produit des deux conséquents, 280,000 par 5, on rend le produit des deux antécédents, 36000, cinq fois moins fort, en le divisant par 5, ce qui donne pour résultat 7200, qui est le nombre diviseur. Cela se pratique de même pour les autres taux.

DES INTÉRÊTS COMPOSÉS

L'intérêt est composé lorsqu'on le produit tous les ans comme un nouveau capital, et qu'on lui fait rapporter de l'intérêt : — *c'est l'intérêt de l'intérêt d'année en année.*

EXEMPLE : *100 fr. à 6 %, par an* produisent au bout de l'année 6 fr.; si, pour la seconde année, on tient compte, outre l'intérêt de 100 fr., de celui de 6 fr., on aura un produit de 6 fr., plus 36 centimes; si on fait de même pendant la troisième année, on aura un intérêt de 6 fr., plus 74 centimes, et ainsi de suite.

Pour trouver le capital et l'intérêt composé pour un petit nombre d'années, le calcul se compose d'une série d'opérations ordinaires. — On calcule l'intérêt de la première année, et on l'ajoute au capital; on calcule l'intérêt de cette somme pour la seconde année, et on l'ajoute à la première; enfin, on procède de même jusqu'à la fin de l'opération.

PREMIER EXEMPLE : *Prenons un capital de 6,000 fr. à 6 %, pour faire les opérations suivantes :*

Capital de 1re année.	F.	6000	»
Intérêt.		360	»
—— de 2e année.		6360	»
Intérêt.		381	60
—— de 3e année		6741	60
Intérêt.		404	50
—— de 4e année		7146	10
Intérêt.		428	77
Total.	F.	7574	87

En matière d'intérêt simple, la somme de 6,000 fr. n'aurait produit que 1,440 fr.; ici elle rapporte 1,574 fr. 87 c. d'intérêt composé.

DEUXIÈME EXEMPLE : *Combien 8,000 fr., placés à 5 % par an et à intérêt composé, vaudront-ils au bout de 7 ans, 5 mois et 20 jours ?*

Il faudra faire deux opérations séparées :

La première, pour trouver l'intérêt composé pendant les 7 années; la seconde, pour obtenir l'intérêt composé pendant les 5 mois et 20 jours; puis les chiffres trouvés seront réunis.

SOLUTION : Capital primitif . . . . F. 8000 »
Intérêt. . . . . 400 »

— au bout d'un an. . . . . . . 8400 »
Intérêt. . . . . 420 »

— au bout de 2 ans . . . . . . 8820 »
Intérêt. . . . . 441 »

— au bout de 3 ans . . . . . . 9261 »
Intérêt. 463 05

— au bout de 4 ans 9724 05
Intérêt. 486 20

— au bout de 5 ans 10210 25
Intérêt. 510 51

— au bout de 6 ans 10720 76
Intérêt. 536 03

— au bout de 7 ans. *Total* F. 11256 79 Soit : 11,256 80

Chiffre auquel il faut ajouter l'intérêt de 11,256 fr.
80 c. pendant 5 mois et 20 jours, c'est à dire 170 jours, } Soit : 265 80
à 5 %, en arrondissant les centimes.

Total général. . . . . F. 11,522 60

DE L'ESCOMPTE A TOUS LES TAUX

Il y a deux sortes d'escompte : l'escompte *en dehors* et l'escompte *en dedans*.

L'escompte sur les billets négociés se prend différemment que l'escompte sur les factures de marchandises. Dans tous les cas, le résultat de l'opération est toujours à déduire, soit du montant du billet, soit du total brut de la facture.

L'escompte est l'opération de banque qui consiste à faire l'avance de la valeur d'un effet de commerce non encore arrivé à son échéance, moyennant une déduction convenue sur la somme portée au susdit effet; la somme ainsi déduite est aussi très souvent désignée sous le nom d'*escompte*, bien que le terme propre soit *agio*.

L'escompte *en dehors* se prend sur un billet de la manière suivante : on calcule les jours compris entre la date de la négociation et l'échéance de l'effet, on multiplie la somme totale du billet par les jours, et on use du diviseur fixe, comme

4

il a été dit en matière d'intérêt : c'est ainsi qu'on trouve un *agio* qui revient au banquier pour prix de son avance d'argent. Ainsi qu'on le voit, l'escompte est toujours à déduire de la somme, tandis que, contrairement, l'intérêt s'ajoute au capital.

Quel est le montant de l'escompte à retenir sur un billet de 453 fr. à échéance du 16 juillet 1865, si ce billet est négocié le 1er juin, le taux étant 6 % ?

Du 1er juin au 16 juillet, il y a 45 jours.

Solution : $453 \times 45 = 20385$ N. divisés par 6 égale 3f 39c 7m pour 3f 40c.

La valeur négociée étant de. . . . . . F.   453   »

Il faut en déduire l'escompte à 6 %. 3 40

Reste. . . . . F.   449 60 que doit compter le banquier.

(Voir, au titre *Négociation des Billets*, les différents exemples et les définitions que nous donnons sur l'escompte tel qu'il se pratique en banque.)

L'escompte *en dedans* se prend en calculant quelle est la somme qu'il faudrait placer au jour de l'opération pour qu'elle produisit à l'échéance le total porté au billet qu'on escompte.

Quel est l'escompte en dedans *de F. 4,536, prêtés pour 5 mois et 18 jours, ou 168 jours à 6 % ? Quel capital faut-il remettre à l'emprunteur ?*

Il faut d'abord chercher l'intérêt de 1 fr. pendant 168 jours à 6 %.

Soit : 1×168 divisé par $6 =$ F. 0,028m

Ajouter ensuite à l'intérêt trouvé : 1,000 capital proposé.

Total : F. 1,028m

On divise 4536 par 1 fr. 028, et le quotient indique le capital à remettre. soit : 4412 fr. 45 c.

On peut vérifier l'opération en cherchant l'intérêt de ce dernier capital (4412 fr. 45 c.)

Pour 5 mois et 18 jours, on trouve :   F. 123 55 à 6 %.

Et en ajoutant à cet intérêt ce capital même :   4412 45

On retrouve la somme donnée : F. 4536 00

Donc, 123 fr. 55 c. est le chiffre de l'escompte *en dedans* dans cet exemple.

Règle. — Pour trouver l'escompte *en dedans* à retenir sur une somme quelconque remise pour un certain nombre de jours, il faut chercher l'intérêt de 1 fr. au taux donné pendant le temps, additionner ce franc avec son intérêt et diviser par le total la somme capitale elle-même ; le quotient représentera la somme nette à verser à celui qui emprunte des espèces ou qui négocie une valeur.

La différence entre la somme nette et le capital primitif sera le chiffre de l'escompte *en dedans*.

Quelques auteurs blâment l'usage de l'escompte *en dehors* et donnent la préférence à l'escompte *en dedans*, qui est plus juste, suivant eux. Cette critique ne repose sur aucun fondement, car, dans une chose toute de convention, il n'y a pas d'injustice commise.

En outre, qu'importe au commerçant que l'escompte soit calculé *en dehors* ou *en dedans*, dès que le taux de l'escompte est variable et réglé par la concurrence? Qu'on interdise à un banquier, par exemple, de calculer l'escompte *en dehors*, il en sera quitte pour opérer autrement; aussi élèvera-t-il le taux de son escompte, des commissions qu'il exige, de façon à rattraper la différence.

On se sert donc généralement de l'escompte *en dehors*.

Le taux de l'escompte varie suivant le commerce et aussi les usages des places; c'est le fait d'une convention, d'une habitude de place; le délai accordé est plus ou moins long. Comme on va le voir, le temps n'exerce aucune influence dans les calculs de l'escompte en marchandises.

L'escompte en marchandises ou sur facture n'est autre chose qu'une remise accordée par le créancier à son débiteur, quand ce dernier se libère avant le terme convenu; cette remise est à la fois un intérêt dont on tient compte et une faveur que l'on accorde à quiconque paie par anticipation une somme exigible seulement à une échéance plus ou moins éloignée de l'époque de livraison.

Les ventes à terme facilitent le commerce; en ne payant que le jour de l'échéance de la facture, on n'a droit à aucun intérêt non plus qu'à aucun escompte, ordinairement; cependant, certaines maisons de commerce accordent encore un escompte relativement faible au bout de trois ou quatre mois de terme.

On conçoit que, si, en achetant au comptant ou en payant avant le terme, les clients n'obtenaient aucune bonification de leurs vendeurs; s'ils n'avaient droit à aucun avantage; si même la faveur qu'on leur accorde n'équivalait qu'à l'intérêt de leur argent, ces acheteurs ne s'empresseraient pas de payer; ils attendraient tout au moins l'échéance de la facture.

D'autre part, quel est le négociant qui, ayant suffisamment de capitaux, négligera de faire ses achats contre espèces? Ce mode de faire, on le sait, procure des marchandises dans les meilleures conditions, en même temps qu'on obtient des vendeurs les concessions les plus larges.

Enfin, le commerçant dont les ressources pécuniaires sont moins considérables achète à terme d'abord, et il s'applique ensuite à payer, quelque temps avant l'échéance, ses factures, pour établir solidement son crédit et surtout pour profiter de l'escompte, plus réduit alors, il est vrai, que dans le cas où l'acquisition aurait été faite au comptant.

Pour trouver l'escompte à 2 % sur une facture de 1,500 fr., à 3 mois (la ques-

tion de temps étant écartée), on multiplie la somme par le taux de l'escompte et on sépare deux décimales.

$$1500 \times 2 = 3000. \text{ Soit : F. 30 00}$$

Montant de la facture :   F. 1500 00

Escompte de 2 % à déduire :   30 00

Reste net : F. 1470 00

Il faut procéder de même pour tous les taux sans fractions ; ainsi, 400 fr. à 12 % d'escompte donnent une somme de 48 fr. à déduire ; il reste à payer 352 fr.

Dans ces sortes d'opérations, il faut d'abord séparer deux décimales pour la division ordinaire par 100, et, en outre, on aura à séparer autant de chiffres décimaux qu'il s'en trouvera sur la droite des deux facteurs.

On sait que la multiplication d'une somme par 1 ne change en rien cette somme ; donc, quand on voudra prendre l'escompte à 1 %, il faudra simplement séparer deux décimales sur la droite du capital.

EXEMPLE : 845 fr., à 1 % d'escompte, produisent 8 fr. 45 c. A 10 %, cela ferait 84 fr. 50, car il n'y aurait qu'un chiffre décimal à séparer.

Si la somme contenait des centimes, il faudrait séparer quatre chiffres pour trouver l'escompte à 1 %.

EXEMPLE : 112 fr. 25 c. à 1 % ? — Réponse : 1 fr. 12 c. 25 m.

Pour avoir l'escompte d'une somme au taux de :

    1/4 %, il faut multiplier le capital par 0,25 ;

1/2 %,   —   —   0,50 ;

3/4 %,   —   —   0,75, et séparer quatre décimales.

EXEMPLES : F. 900 à 1/4 % d'escompte. SOLUTIONS : F. 900 × 0,25 = 2f 25c 00m

    250 à 1/2 %   250 × 0,50 = 1 25 00

    460 à 3/4 %   460 × 0,75 = 3 45 00

On retranche six chiffres décimaux quand la somme elle-même a des centimes et que le taux de l'escompte est une fraction.

EXEMPLE : F. 536,95 à 1/2 % d'escompte :

F. 536,95 × 0,50 = 2,684750 pour 2f 68c.

NOTE. — On peut aussi prendre le 1/4, le 1/2, les 3/4 de la somme, et séparer deux décimales de moins que quand on procède par la multiplication.

Somme donnée : F. 536,95 à 1/2 % d'escompte

Fait : 2f 68c 47m qui est la moitié.

Pour trouver l'escompte d'une somme quelconque à un taux fractionnaire, comme 4 1/4, 5 1/2, 7 3/4 %, etc., il faut multiplier la somme par

F. 4,25 pour l'escompte à 4 1/4 %.

F. 5,50   —   5 1/2 %,

F. 7,75   —   7 3/4 %,

et séparer quatre décimales; s'il y a des centimes à la somme, il faut **séparer** six chiffres décimaux, comme il a été dit.

EXEMPLES :   OPÉRATIONS :

F.   800   » à 4 1/4 % à 3 mois : F.   800   » × 4,25 =   34,0000, soit : F. 34
     800   » à 5 1/2 % à 2 mois :   800   » × 5,50 =   44,0000   44
    1000 50 à 7 3/4 % à 1 mois :   1000 50 × 7,75 =   77,538750 (en forçant) 77 54

Pour prendre l'escompte à 1/5, à 1/6, à 1/8, à 1/12, à 1/16 %, etc., il faut diviser la somme par les dénominateurs : 5, 6, 8, 12 et 16, et séparer deux décimales : quatre quand la somme a des centimes.

EXEMPLES :

F.   750   » à 1/5 % d'escompte : F.   750 divisé par 5 égale F. 1 50   »
     750   » à 1/6 %   —   :   750   » —   6   —   1 25   »
     816   » à 1/8 %   —   :   816   » —   8   —   1 02   »
     648   » à 1/12 %   —   :   648   » —   12   —   0 54   »
     412 35 à 1/16 %   —   :   412 35 —   16   —   0 25 77, 0,25 c. en forçant.

Pour avoir l'escompte aux taux suivants : 3/5, 4/6, 6/8, 7/12, 5/16 %, il faut d'abord prendre le 1/5ᵐᵉ, le 1/6ᵐᵉ, le 1/8ᵐᵉ, etc., comme il est dit plus haut, et multiplier les quotients obtenus par ces numérateurs, 3, 4, 6, 7, etc.; puis, séparer les décimales.

EXEMPLE : *F. 750 à 3/5 % d'escompte.*

On prend le 1/5ᵐᵉ de 750, qui est de 1 fr. 50 c.; on multiplie cette somme par 3, et 4 fr. 50 c. est l'escompte cherché à 3/5 %.

AUTRE EXEMPLE : *648 fr. à 7/12 % d'escompte.*

648 divisé par 12 = 0,54 × 7 = F. 3,78

Chercher l'escompte au taux de 4 7/8, 5 5/12, 9 10/16 %; cela prend du temps sans être difficile à faire.

Il faut faire deux opérations : une pour le taux représenté par un entier, et l'autre pour la fraction.

EXEMPLES : F. 2500 à 4 7/8 % d'escompte (1).
           3000 à 5 5/12 %   —   (2).
           3200 à 9 10/16 %   —   (3).

SOLUTIONS :

(1) { 2500   ×   4 = 10000   ou F. 100 00 à 4 %.
    { 2500 divisé par 8 = 3ᶠ 13ᶜ × 7 =   21 91 à   7/8 %.

                                        Total : F. 121 91 à 4 7/8 %.

$$(2) \quad \begin{cases} 3000 \quad \times \quad 5 = 15000 \\ 3000 \text{ divisé par } 12 = 2^f 50^c \times 5 = \end{cases} \quad \text{ou F. } 150 \ 00 \text{ à } 5\ \%.$$

$$12 \ 50 \text{ à } \quad ^5/_{12}\ \%.$$

Total : F. 162 50 à 5 $^5/_{12}$ %.

$$(3) \quad \begin{cases} 3200 \quad \times \quad 9 = 28800 \\ 3200 \text{ divisé par } 16 = 2^f 00^c \times 10 \end{cases} \quad \text{ou F. } 288 \ 00 \text{ à } 9\ \%.$$

$$20 \ 00 \text{ à } \quad ^{10}/_{16}\ \%.$$

Total : F. 308 00 à 9 $^{10}/_{16}$ %.

Les comptes de commissions, courtages, changes, primes, et généralement les calculs à tant pour ou par cent, se font de la même façon.

NÉGOCIATION DE BILLETS

La remise que nous faisons à un banquier d'un ou de plusieurs billets non échus, pour en percevoir le montant de suite, sous déduction d'une perte relative, s'appelle une *négociation*.

L'*intérêt* ou l'*escompte* revient au banquier; c'est sa part, à lui qui nous remet l'argent des valeurs que nous négocions à sa caisse, tout comme si cet escompteur allait encaisser nos remises sans attente et sans dérangement; mais puisque, au contraire, le banquier attend les échéances et fait les démarches indispensables au recouvrement de nos valeurs, il est assez juste qu'il soit indemnisé pour s'être privé de ses fonds et les avoir exposés pour qu'ils nous profitent.

L'*escompte* est donc dû au banquier sur la somme des valeurs négociées et pendant le temps compris entre la date de la négociation et l'échéance des billets.

La plupart du temps, le banquier prend une commission. Cette commission lui revient pour rétribution des soins qu'il apporte à l'encaissement des valeurs; pour ses écritures, frais divers; pour les difficultés et les pertes qu'il peut avoir; puis, surtout, à notre avis, pour lui tenir compte de cette responsabilité qu'il prend encore en endossant les billets qu'on lui remet, c'est à dire en se rendant garant de leur paiement, ou, du moins, en s'engageant à *remplir*, dans le cas de non-paiement et en temps utile, les formalités premières prescrites par le Code de commerce, *dans les intérêts du client*.

La commission varie donc suivant les circonstances et un peu en raison de la dose de confiance qu'a le preneur dans les signatures des valeurs remises et surtout dans la maison qui les négocie.

On sait que, dans les remises faites à un banquier, il peut se trouver des valeurs sur diverses places, et c'est même ce qui arrive ordinairement; alors le banquier prend parfois une commission fixe en rapport avec le chiffre des remises et les conditions de paiement, ou bien il compte tant pour cent pour chaque valeur sur telles ou telles places. Pour ces sortes de calculs, les banquiers ont des tarifs imprimés où se trouvent cotées toutes les places sur lesquelles ces escompteurs se proposent de prendre du papier.

Naturellement, l'intérêt est en sus de cette commission.

Mais, aujourd'hui, les banquiers font presque généralement leurs bordereaux en comptant, suivant le cas, $1/4$, $1/8$, $1/10$, $1/16$ %, etc., pour la commission et le change de place à la fois; c'est plus court.

Cet intérêt, cette commission, ce change de place, enfin cette perte au papier pour quiconque négocie, s'appelle, suivant les uns, *escompte*; suivant d'autres, *agio.*

Dans tous les cas, cette perte à la négociation varie en raison de l'importance des relations entre les banquiers et leurs clients; elle dépend un peu de la fréquence des remises, de la position et de la solvabilité de ceux qui négocient.

Nous savons comment procéder pour trouver l'intérêt à déduire du montant d'un billet négocié : pour déterminer la somme à recevoir, il faut calculer les jours compris entre la date de la négociation et celle de l'échéance de la valeur, puis multiplier la somme capitale par les jours, pour avoir les nombres qu'on divisera par le diviseur fixe convenable.

Il faut penser à laisser, dans ce calcul, le jour de la négociation de côté, car le jour de l'échéance seul compte.

EXEMPLE : *Quel est l'agio d'un billet de 4,500 fr., à échéance du 5 décembre 1865, négocié à 6 % d'escompte le 30 septembre de la même année?* — Réponse : 48 fr. 75 c.

Pour trouver ce résultat, il faut de suite rechercher les jours : du 30 septembre au 5 décembre, il y a 65 jours, d'après l'année commerciale.

OPÉRATION : F. 4500 $\times$ 65 $=$ 292,500 nombres divisés par 60 ; quotient représentant l'intérêt : 48 fr. 75 c., en séparant deux décimales.

Somme capitale :	F. 4500 00
Agio à déduire, 6 % sur 65 jours :	48 75
A recevoir de l'escompteur :	F. 4451 25

Quel est l'agio d'un billet de 3,200 fr., négocié le 15 juin 1865 et échéant fin août, à 5 % d'intérêt et 1/8 de commission?

(Cet exemple est calculé d'après l'année civile.)

Du 15 juin au 31 août, il y a 77 jours.

OPÉRATION : 3200 $\times$ 77 $=$

246400	73
274	33,75
550	
390	
25	

DÉFALCATION :

Capital :		F. 3200 »

A DÉDUIRE : *Agio* se décomposant ainsi :

Intérêts sur 77 jours, à 5 % :	F. 33 75	⎫	
Commission, 1/8 % (qui se trouve en prenant le 1/8..		⎬ 37 75	
de 3200 fr., et en séparant deux décimales) :	4 00	⎭	

Net à recevoir : F. 3162 25

Nous allons supposer la négociation de plusieurs billets à la fois ; les calculs se feront d'après l'année commerciale, dont tous les mois indifféremment sont comptés chacun pour 30 jours.

Celui qui veut négocier a cherché dans son portefeuille des valeurs négociables ; il y a trouvé celles-ci :

1,500 fr.	1 Bt sur Jules, de Dax,	au	30 avril 1865	(5).
401	1 Tte s/ Jean, de Blaye,	—	31 mars »	(2).
1,305	1 » s/ Pierre, de Libourne,	—	20 mars »	(1).
709	1 Bt s/ Claude, de Périgueux,	—	15 avril »	(3).
100	1 » s/ Auguste, de Paris,	—	20 » »	(4).
834	1 » s/ Paul, de Rouen,	—	19 mai »	(6).

Par esprit d'ordre, et pour faciliter les calculs qui doivent se faire, celui qui négocie prendra en note la date de la négociation *(le 15 mars 1865)*, puis il disposera les échéances par ordre de dates ; du reste, si le cédant ne prend pas ce soin, le banquier y suppléera.

Dans notre exemple, la négociation se fait à 4 % d'intérêt et 1/4 % de commission.

D'abord, on sait que, quand on calcule l'escompte d'une seule valeur à 4 %, il faut faire les nombres en multipliant la somme par les jours, diviser ces nombres par 90, diviseur fixe du commerce, et séparer les décimales.

Maintenant, si on admet que le banquier escompte à autant de personnes différentes les six valeurs comprises dans notre exemple, il lui aura fallu faire six fois les nombres, et six fois les diviser par 90.

Mais ne peut-on pas abréger, puisque c'est la même personne qui négocie, et ne faire, conséquemment, qu'une seule division ?

Pour cela, il suffit de porter les nombres de chaque somme dans une colonne spéciale et d'opérer sur le total de ces nombres, qui est ici de 150680 N., par le diviseur commercial 90, pour trouver 16 fr. 74 c. d'intérêt, chiffre auquel on ajoutera 12 fr. 12 c. pour 1/4 % de commission obtenu en prenant le 1/4 de la somme totale des valeurs et en séparant deux décimales : L'ensemble, 28 fr. 86, c'est l'*agio*, cette perte au papier qui constitue le bénéfice du banquier.

Comme toujours, on déduit cet *agio* de la somme capitale (ici 4.849) ; il reste, pour produit net, 4,820 fr. 14 c. dans cet exemple.

OPÉRATION :

BORDEREAU remis par M. LAGARDE *à* M. MARTIN, *banquier, le 15 mars 1865,*
à 4 % d'intérêt et ¼ % de commission.

(N° 1.) 1305	»	1 Billet sur Pierre de Libourne. . .	20	Mars 1865	5	6525
(N° 2.) 401	»	1 Traite sur Jean de Blaye	31	do —	15	6015
(N° 3) 709	»	1 Traite sur Claude de Périgueux . .	15	Avril —	30	21270
(N° 4.) 100	»	1 Billet sur Auguste de Paris. . . .	20	do —	35	3500
(N° 5.) 1500	»	1 Billet sur Jules de Dax	30	do —	45	67500
(N° 6.) 834	»	1 Billet sur Paul de Rouen	10	Mai —	55	45870
4849	»	**Capitaux.**		**Nombres**		150680
28	86	150680 N. divisés par 90 = 16,74. 16,74, intérêt à 4 % sur les nombres 12,12, ¼ % de commission sur 4849ᶠ				
4820	14	**Net produit.**				

N° 6.

DE L'ÉCHÉANCE COMMUNE

Chercher *l'échéance commune*, c'est à dire la moyenne échéance de plusieurs
sommes payables à des termes différents (termes plus ou moins éloignés de
l'époque à laquelle ces sommes sont remises), c'est procéder de façon à trouver,
par un calcul que nous allons définir, une échéance qui corresponde au chiffre
total des valeurs remises. Il est donc concevable que cette *échéance commune*
se trouve non seulement en rapport avec les dates de paiement des valeurs dont
il s'agit, mais qu'elle soit encore relative à ces mêmes valeurs auxquelles elle
doit servir de terme commun.

On se sert principalement de *l'échéance commune* dans les trois cas que voici :

1° Il peut se faire qu'ayant, sur des places différentes, des valeurs à diverses
échéances on désire convertir ces valeurs en un seul effet payable à Paris, à
Marseille, dans une ville où l'on a un paiement à effectuer. On remet, dans ce cas,
ses valeurs au banquier, qui en fait aussitôt *l'échéance commune*. Cette *échéance
commune* doit être l'échéance même du billet que remet le banquier en échange
des valeurs qu'il a reçues.

Le chiffre de ce billet sera le montant des remises, moins *l'agio*, qui ne saurait
comprendre ici que la commission ou le change de place; mais, comme on va le
voir, il y a parfois la question de l'intérêt en plus.

Supposons que l'opération avec le banquier se passe le 1ᵉʳ novembre 1865 et

5

que l'*échéance commune* des valeurs remises tombe le 20 décembre suivant ; évidemment, si on voulait un billet payable de suite ou à une date antérieure au 20 décembre, outre l'*agio* dont il a été parlé, on devrait encore tenir compte au banquier de l'intérêt sur la somme pendant les jours compris entre l'échéance du billet et le 20 décembre 1865. Par contre, si le billet qu'on tient du banquier était payable postérieurement à l'*échéance commune*, par exemple au 31 décembre, c'est le banquier qui redevrait l'intérêt (sur 11 jours, dans ce cas).

2° Les banquiers se servent avantageusement du système de l'*échéance commune* pour donner une seule échéance à chacun des bordereaux que leur remettent les commerçants, quel que soit d'ailleurs le nombre des valeurs comprises dans ces bordereaux.

De cette façon, il y a économie de temps et surtout d'écritures, comme on va le voir :

Un banquier recevra à la fois dix valeurs qui devront être portées au crédit du compte d'un correspondant ; si on admet que ces valeurs aient des échéances différentes, il faudra, d'après le procédé primitif, faire dix lignes d'écritures au compte courant, faire dix opérations distinctes pour calculer l'intérêt sur chaque somme, pendant les jours compris entre chaque échéance et l'époque du compte courant ; cela devient considérable : il vaut mieux faire la somme des valeurs, en déterminer l'*échéance commune* à part, et, ensuite, porter le total du bordereau et son échéance dans les colonnes du compte, ce qui prendra une seule ligne de libellé.

3° On a recours à l'*échéance commune* dans beaucoup de cas encore, mais cette méthode est particulièrement utile pour les règlements de factures à terme au moyen de valeurs à diverses échéances.

Si, entre le jour de la réception de marchandises et l'époque fixée dans la facture pour le paiement, l'acheteur remet à son créancier des valeurs jusqu'à concurrence du chiffre dû, il faut bien faire un calcul spécial pour ramener les diverses échéances des valeurs remises à une seule date, qui se trouve alors antérieure ou postérieure au terme auquel le vendeur devait être payé ; par ce mode de règlement, on voit de suite qui, du cédant des valeurs ou de celui qui les reçoit, se trouve débiteur de l'intérêt.

EXEMPLE : *Quelle est l'échéance commune des trois valeurs suivantes, remises en compte courant par Victor à Martin, banquier, le 1er mai 1865 ?*

1 B/ sur Bordeaux au 15 mai. . . . . . . .F.	1000	
1 T/ » Nantes au 1er juin.	500	F. 1840
1 » » Toulouse au 25 juin.	340	

Il faut disposer, par ordre d'échéance, ces trois valeurs, tout comme si on allait faire un bordereau de négociation ; mais il y a cette différence dans les calculs, qu'au lieu de compter les jours de la date de remise (1er mai) à la date de l'échéance de chaque valeur, dans le but de faire les nombres, il faut calculer les jours compris entre le 15 mai (première échéance), époque considérée comme ouverture du compte, jusqu'à chacune des autres échéances; on dit, en conséquence, que, le 15 mai, la somme de 1,000 fr. (première valeur) n'a rien produit encore, on met dans la colonne des jours le mot « époque » et on écrit au dessous de ce mot, toujours dans la même colonne, « 17 jours, » qui représentent le temps écoulé entre la première échéance et la seconde (1er juin), et enfin, au dessous, même colonne, « 41 jours, » intervalle séparant la date d'ouverture de la dernière échéance; puis on multiplie les sommes par les jours correspondants pour trouver les nombres, qui sont alors placés dans la colonne qui leur est affectée.

Ce sont ces nombres qu'on additionne et dont on divise le total, 22440 par 1840, total des capitaux; le quotient est 12,19, considéré pour 12 jours seulement (la faible fraction 19 étant laissée de côté).

On voit que l'échéance commune tombe 12 jours après le 15 mai, date d'ouverture, soit le 27 mai.

Martin, banquier, crédite donc Victor de 1,840 fr., montant du bordereau du 1er mai, valeur 27 mai 1865, absolument comme s'il ne s'agissait que d'une seule valeur et d'une seule échéance, par conséquent.

OPÉRATION :

BORDEREAU remis, le 1er mai 1865, par VICTOR *à* MARTIN, *banquier.*

1000	»	1 B/ sur Bordeaux. . . . . Valeur.	15	Mai 1865	Époque		»
500	»	1 Tte/ sur Nantes.	1er	Juin —	17		8500
340	»	1 Tte/ sur Toulouse.	25	do —	41		13940
1840	»	**Total des capitaux.**		**Nombres**			22440
		Échéance commune au	**27**	**Mai 1865**			

DIVISION A FAIRE :	22440		1840	N° 7.
	4040		12,19	
	3600			
	1760			
	1040			

Les banquiers emploient si souvent les jours de l'année civile, que nous calculerons comme eux l'*échéance commune;* mais, dans l'exemple que nous allons examiner, les raisons qui font procéder comme ci-dessus seront développées plus complètement.

EXEMPLE : *M. Dumont nous livre, le 1er novembre 1864, des marchandises dont la facture, s'élevant à 2,840 fr., est payable à 120 jours.*

C'est donc le 1er mars 1865 que nous devons solder notre vendeur; si nous payons ce dernier le 1er janvier 1865, il devra nous tenir compte de l'intérêt pendant deux mois sur 2,840 fr.

. Si nous nous libérons juste au terme, soit le 1er mars, il n'y aura pas d'intérêts ni pour l'un ni pour l'autre.

. Enfin, si nous ne réglons M. Dumont que le 1er avril 1865, c'est nous qui devrons lui tenir compte des intérêts d'un mois.

Mais encore, si, au lieu d'espèces, nous remettons des billets et que toutes ces valeurs tombent avant le 1er mars, M. Dumont, ainsi payé d'avance, nous devra des intérêts qu'il faudra calculer sur chaque valeur et pendant les jours qui s'écouleront entre les échéances et le 1er mars.

Il va sans dire que des valeurs à échéance du 1er mars 1865 seraient improductives d'intérêts.

Mais si toutes les échéances tombaient après le terme de la facture, nous devrions évidemment des intérêts à M. Dumont du 1er mars jusqu'aux diverses échéances des billets.

Assez ordinairement, parmi les valeurs remises en pareil cas, il s'en trouve quelques-unes dont l'échéance arrive avant le terme de la facture, et aussi d'autres qui échoient après cette époque, qui se trouve ainsi entourée, en sorte qu'il faut faire une *échéance commune;* car il serait trop long de calculer, d'une part, les intérêts que Dumont nous doit sur les échéances antérieures au 1er mars, et de compter, d'autre part, — pour en faire la défalcation, — les intérêts sur les dates dépassant l'époque de règlement, soit sur les échéances postérieures au 1er mars, autrement dit.

On peut faire l'*échéance commune* d'après deux méthodes :

Par la *marche progressive;*

Et par la *marche rétrograde.*

Dans les deux cas, on dispose le compte de même; il n'y a que la manière de compter les jours qui diffère.

Dans le premier exemple que nous avons donné, l'*échéance commune* a été trouvée par la *marche rétrograde,* et, avant de chercher la solution de ce second exemple par les deux méthodes, nous devons dire à nos lecteurs que, plus loin dans cet ouvrage, nous traitons à fond cette question de *marche rétrograde* et de *marche progressive,* qui servent à régler les comptes courants.

. En procédant par la *marche progressive,* on considèrera la dernière échéance de ce compte (30 avril) comme époque de clôture ou d'arrêté-compte, et c'est alors de chacune des échéances jusqu'à cette époque que l'on calculera les jours, puis on fera ensuite les nombres, dont le total doit être divisé par le montant des capitaux.

Dans notre exemple, on trouve pour quotient de la division indiquée 65,33, ce qui fait 65 jours, en négligeant la fraction, parce qu'elle est au dessous de 50 centièmes.

ÉCHÉANCE COMMUNE

PAR LA MARCHE PROGRESSIVE

RÈGLEMENT DE LA FACTURE DUMONT

Produite le 1er novembre 1864, s'élevant à F. 2.840, payable à 120 jours, soit le 1er mars 1865.

1864 Décembre	10	100	»	M/ remise en espèces . . . Valeur.	10	Décembre 1864	141	14100
		400	»	M/ billet sur Saint-Étienne	20	d° ,	131	52400
		200	»	— Bordeaux.	25	d°	126	25200
		150	»	— Rouen.	10	Janvier 1865	110	16500
		90	»	— Lyon	15	d°	105	9450
		100	»	M/ versement	1er	d°	119	11900
		500	»	M/ facture	1er	Février —	88	44000
		800	»	M/ T^te/ sur le Havre.	13	Avril —	15	12000
		500	»	M/ billet à son ordre pour solde . .	30	d°	épo- que	»
		2840	»					185550
				Échéance commune au 24 Février 1865				
		2	55	Soit à déduire, intérêts à 6 % sur 2840 fr. pendant J^rs . . . . Le 1/6me			5	14200 2,566
		2857	65	Net.				

N° 8.

Division à faire : 185550 | 2840
         15150 | 65,33
         9500
         9800
         1280

L'*échéance commune* va tomber 65 jours avant l'époque de clôture de ce compte; on remontera donc du 30 avril jusqu'au 24 février; on rétrograde ainsi parce qu'il faut diminuer 65 jours de la durée totale du compte, qui est de 141 jours.

Le 24 février 1865 est donc l'*échéance commune*.

Voici l'explication la plus naturelle que nous puissions donner sur ce moyen de procéder.

Dans cette marche, il est facile d'opérer sur une valeur particulière; comme on va le voir, on trouvera exactement l'échéance particulière de cette valeur.

(Voir la deuxième ligne du compte à *marche progressive*.)

En divisant 52400 nombres par la somme correspondante, 400 fr., le quotient donne 131 jours, qui, calculés en remontant du 30 avril, nous conduisent au 20 décembre 1864 : c'est bien là l'échéance des 400 fr.; eh bien! si on divisait chaque nombre par sa somme correspondante, on trouverait de même son échéance particulière; cela nous autorise à dire que ce qui est juste pour chaque partie prise séparément, est juste aussi pour la totalité.

Il faut donc diviser le total des nombres 185550 par 2,840 fr., chiffre total des capitaux; on obtiendra pour quotient 65 jours, et, en rétrogradant, on trouvera non plus une échéance particulière, mais bien une *échéance commune* à toutes les valeurs dans la date du 24 février; et il est dit que Dumont, réglé 5 jours avant l'échéance de sa facture, doit pendant ce temps des intérêts à 6 % sur 2,840 fr., soit 2 fr. 36 c. qui sont à déduire.

ÉCHÉANCE COMMUNE
PAR LA MARCHE RÉTROGRADE

RÈGLEMENT DE LA FACTURE DUMONT
produite le 1er novembre 1864, s'élevant à F. 2,840, payable à 120 jours, soit le 1er mars 1865.
(Même exemple que le précédent.)

							épo-que	»
1864 Décembre	10	100	»	M/ remise en espèces. . . . Valeur.	10	Décembre 1864	10	4000
—	15	400	»	M/ Bt/ sur Saint-Étienne.	20	do	15	3000
—	»	200	»	do sur Bordeaux	25	do	31	4650
—	»	150	»	do sur Rouen	10	Janvier 1865	36	3240
—	»	90	»	do sur Lyon.	15	do	22	2200
1865 Janvier	1er	100	»	M/ versement	1er	do	53	26500
—	»	500	»	M/ facture	1er	Février —	126	100800
—	10	800	»	M/ Tte/ sur le Havre	15	Avril —	141	70500
—	»	500	»	M/ billet à son ordre pour solde. . .	30	do		214890
		2840	»					
				Échéance commune au	**25**	**Février 1865**	**5**	

N° 9.

DIVISION A FAIRE : 214890   2840
16090   75,66
18900
18600
1560

Par la *marche rétrograde*, on fait le calcul des jours en commençant par la première échéance qui sert d'époque; on trouve ainsi des jours écoulés entre la date d'ouverture et chaque échéance, en sorte qu'arrivé à la dernière échéance, on remarque que le compte a une durée de 141 jours, temps compris entre son ouverture et sa clôture. Il faut alors faire les nombres par la multiplication ordinaire des jours par les capitaux, puis on additionnera ces nombres; ici on trouve 214190 qu'il faut diviser par le total des sommes 2,840 fr. : le quotient sera 75 jours 66 centièmes, comptés pour 76 jours en raison de ce que la fraction excède 50 c. (on sait que si les décimales étaient inférieures à ce chiffre, on n'aurait pas à en tenir compte); l'*échéance commune* doit tomber 76 jours après l'ouverture, soit 76 jours plus tard que le 10 décembre 1864. On arrive de cette façon au 24 février 1865, soit 5 jours avant l'époque à laquelle Dumont devait être réglé.

Du reste, voici de nouveau le principe :

Si l'on divise un nombre particulier par la somme qui lui correspond, on trouve des jours particuliers, et, par suite, on trouve l'échéance particulière de cette somme en partant de l'époque ; qu'au lieu de cela, on divise tous les nombres à la fois par le total des capitaux, on aura, non plus une échéance particulière, mais une *échéance commune*.

Ainsi, dans cette *marche rétrograde*, prenons l'exemple qui a été utilisé dans la démonstration de la *marche progressive* : 4000 nombres divisés par 400 égalent 10 jours.

En comptant 10 jours, donc, à partir du 10 décembre (époque d'ouverture), on arrive au 20 décembre, qui est l'échéance particulière demandée. Agissant sur des quantités totales, on trouve des jours en rapport avec l'ensemble des chiffres et une *échéance commune* à toutes les valeurs.

On le voit, nous avons pris le même exemple dans les deux marches et nous avons trouvé la même *solution* dans les deux cas ; la division habituelle nous a fait trouver la même date pour l'*échéance commune ;* donc, ces moyens sont également bons, quoique le mode de procéder diffère. On peut opter entre les deux méthodes, et quand on s'en sert simultanément, l'une doit être la preuve de l'autre.

A notre avis, la *marche rétrograde* peut être employée plus facilement que la *marche progressive* dans la recherche de l'*échéance commune* de plusieurs sommes ou valeurs, parce qu'au lieu de calculer, comme dans la progressive, les jours en remontant de la dernière date jusqu'à la rencontre de l'échéance qui doit être commune, dans la rétrograde, disons-nous, on compte les jours en les ajoutant à la date d'ouverture, et on s'avance sans effort vers l'échéance cherchée.

Observations. — Il est bien vrai que par la *marche rétrograde* on obtient des jours et des nombres fictifs (à ce sujet, voir nos démonstrations sur la *marche rétrograde*) ; mais cela importe peu, et ne fait même rien, puisqu'avec ces éléments on ne cherche pas l'intérêt ; ces chiffres ne servent qu'à nous mener à l'*échéance commune,* en comptant les jours trouvés à partir de la première échéance, tandis que dans la progressive, où les jours sont vrais, ainsi que les nombres, on procède par la déduction ; du reste, peu importe que l'on agisse sur des nombres réels ou de convention, pourvu que les solutions soient justes.

On pourrait, avec les éléments de cette *échéance commune*, faire un compte courant ordinaire ; on trouverait le même résultat ; mais rappelons ici que c'est précisément pour éviter la longueur d'un pareil compte que l'on se sert de l'*échéance commune*, et on comprendra alors que nous n'ayons pas posé ce dernier exemple

Dans l'exemple d'*échéance commune* que nous avons traité par la *marche rétrograde* et par la *marche progressive,* nous avons supposé que, parfois, toutes les valeurs étaient remises le même jour, tandis qu'il arrivait que l'on réglait les factures par des remises faites à des époques différentes.

Nos lecteurs comprennent bien que, pour payer une facture, on n'a presque jamais le même chiffre en valeurs; alors il arrive fréquemment qu'on fait l'appoint en espèces ou au moyen d'un billet qu'on souscrit; d'autres fois, si on a remis quelque valeur excédant le chiffre dû, on a à recevoir l'excédant, etc.

AVIS DE L'AUTEUR

Dans le commencement de cet ouvrage, nous avons appelé l'attention de nos lecteurs sur la manière presque générale de calculer les intérêts; nous avons dit que l'on comptait les jours d'après le calendrier, et qu'au lieu de diviser les nombres par les diviseurs de la table civile on trouvait plus commode, plus expéditif, d'utiliser les diviseurs fixes du commerce dont les chiffres sont plus ronds, c'est à dire moins chargés.

Nous répétons donc ici que ce système irrégulier causera toujours un préjudice à celui qui devra la balance des nombres vrais.

Quoi! on prend l'année civile, où les jours sont plus nombreux, et on emploie les diviseurs du commerce, qui sont plus petits que les diviseurs civils! Qu'on juge du quotient : il sera évidemment trop fort!

Nous savons qu'à cela les parties intéressées répondront : « *Mais tantôt nous* » *devons la balance des intérêts, tantôt on nous la doit; ce qui fait que ce préju-* » *dice nous incombe parfois aussi.* » Le raisonnement est juste, nous l'avouons, mais nous persistons à dire que la manière de procéder est fausse.

Nous n'avons pas voulu, en faisant un ouvrage de chiffres, passer sur une erreur, et maintenant que nous l'avons signalée et que nous avons protesté contre cet abus, nous allons faire nos comptes courants comme tout le monde pour n'être en contradiction avec personne; mais nous conservons l'espoir que le temps détruira ce qu'il y a de vicieux dans cette vieille habitude de calculer l'intérêt.

La question est facile à juger, du reste, si l'on veut se reporter à nos exemples nos 12 et 13, et aux définitions faites à leur sujet.

E. M.

DES COMPTES COURANTS
ET D'INTÉRÊTS EN GÉNÉRAL

Pour quiconque a quelques notions de comptabilité, un compte par DOIT et AVOIR n'est pas difficile à dresser, puisqu'on a pour but de dire à son correspondant qu'il a tant à son DÉBIT et tant à son CRÉDIT ; et que, par conséquent, il se trouve votre débiteur ou votre créancier, suivant qu'un des deux côtés du compte excède l'autre.

Du moment qu'on aura compris que dans la banque, dans le commerce, toutes les sommes d'un *compte courant* rapportent intérêt, il viendra de suite à l'idée qu'il faut, par un calcul spécial, débiter le correspondant de l'intérêt sur les sommes placées au *doit* de son compte, comme il faut aussi le créditer de l'intérêt sur les sommes à son *avoir*.

Il y a ensuite une question de commissions, provisions, courtages, etc., qu'on nous accorde ou que nous allouons ; à ce sujet, il va sans dire que les *comptes courants* et d'*intérêts* ayant lieu entre banquiers, entre banquiers et commerçants, entre commerçants et quelquefois entre d'autres gens du monde, les parties doivent, avant d'entamer des relations, discuter le taux de l'intérêt, de l'escompte, des provisions, etc. ; il serait assez imprudent de se lier en affaires sans conventions bien arrêtées.

Quand les correspondants n'ont pas déterminé les époques auxquelles ils régleront leurs comptes, on suit l'usage qui est de produire les *comptes courants* tous les trois ou six mois.

Il y a plusieurs manières de dresser les *comptes courants* et d'*intérêts* : nou les verrons toutes.

D'abord, disons qu'en matière de *comptes courants,* l'intérêt peut être égal, ou réciproque ; ou inégal, c'est à dire non réciproque ; le tout dépend des conventions ou des circonstances qui font que tel commerçant est obligé de donner des avantages à son correspondant pour obtenir un découvert, etc.

L'*intérêt* est dit réciproque quand il est calculé au même taux sur les sommes du débit que sur les sommes du crédit.

Mais il est dit inégal ou non réciproque quand, par exemple, le débit d'un compte produit de l'intérêt à 6 %, tandis que le crédit n'en rapporte qu'au taux de 4 %.

Il y a trois méthodes distinctes pour faire les *comptes courants* et d'*intérêts :*

1º La *marche progressive* ou *méthode ancienne ;*
2º La *marche rétrograde* ou *méthode nouvelle ;*
3º La *marche par échelette* ou *méthode Hambourgeoise.*

Les deux premières marches servent au règlement des comptes à intérêts réciproques.

La dernière sert au règlement des intérêts non réciproques.

Si on employait la marche progressive ou la marche rétrograde au règlement des intérêts non réciproques, les résultats seraient complètement faux.

Il est indispensable d'étudier les trois marches ; mais, avant de parler des avantages qu'elles présentent respectivement, nous dirons que les deux premières marches s'emploient avec fruit pour preuve l'une de l'autre.

6

EXPLICATIONS PRÉALABLES

SUR LES TROIS MÉTHODES

MARCHE PROGRESSIVE

Cette marche est très facile, et, pour cette raison, beaucoup de gens s'en servent; elle comporte seulement un désagrément, c'est qu'on ne peut pas en faire les calculs sans connaître l'époque de la clôture du compte.

En effet, pour avoir le chiffre des intérêts dus par le correspondant, on compte le temps écoulé entre les échéances des sommes de son débit et l'époque de clôture; pour les intérêts qui lui sont dus, on calcule aussi les jours entre les échéances des sommes du crédit et cette époque de clôture; il est donc impossible de rien faire sans cette dernière date.

Or, il faut bien admettre que la plupart du temps, pour les banquiers, pour les gens qui ont beaucoup de comptes, cette époque d'arrêté-compte n'est pas toujours connue; et, la connaîtrait-on, que des circonstances font qu'on est obligé parfois de produire ses comptes courants plus tôt ou plus tard qu'on ne l'avait pensé. Avec cette méthode, les banquiers, ne pouvant pas préparer leurs comptes d'avance, ne sauraient suffire au travail des écritures à l'époque des règlements de comptes. Mais toutes les maisons n'ont pas autant de comptes courants à faire, et, nous le répétons, beaucoup de commerçants se servent avantageusement de cette marche progressive.

Cette méthode est encore appelée *marche directe* ou *ancienne*.

MARCHE RÉTROGRADE

Cette marche est née du progrès; on a pensé que M. J. Lafitte en était l'auteur; nous avons la conviction que cette marche existait avant lui, et tout ce que nous accorderons au célèbre banquier, c'est qu'il a remis cette méthode en vigueur, et qu'à son exemple, le commerce, qui se tient en garde contre les innovations, s'est pourtant décidé à profiter de cette marche si précieuse.

Il est de fait que cette méthode, bien que compliquée, présente un immense avantage, celui de permettre d'établir les comptes courants d'avance; ainsi, on va pouvoir les faire partie par partie sans se préoccuper de l'époque de clôture; on comptera les jours, puis les nombres, à mesure de l'enregistrement des sommes ou valeurs, et quand il faudra arrêter le compte, une simple balance aura lieu. Nos lecteurs ne donneront pas en vain leur attention à l'étude de cette marche partout usitée; par les moyens qu'elle offre, les banquiers, les commerçants chargés de comptes font leur besogne régulièrement, sans effort, et le moment de produire les comptes courants arrive pour eux sans qu'il y ait surcroît de travail. D'autre part, il faut bien convenir qu'en matière de chiffres, ce qu'on a fait à mesure que les opérations se passaient vaut mieux que ce qu'on fait quand on est obligé de calculer précipitamment.

Dans la méthode rétrograde, on n'attend pas la dernière époque pour la solution; contrairement, on prend la première échéance pour ouverture du compte courant, et comme on calcule les jours de cette première échéance, qui sert d'époque aux autres échéances des valeurs, il s'ensuit qu'on obtient ce qu'on est convenu d'appeler des nombres fictifs ou complémentaires; d'où il résulte que, dans cette première période du calcul, on ne rencontre pas de nombres vrais.

Cette méthode s'appelle aussi *méthode indirecte* ou *nouvelle*.

MARCHE PAR ÉCHELETTE

Cette méthode, dont la base est le système de défalcation, doit être employée toutes les fois qu'il s'agit de régler des intérêts inégaux ou non réciproques.

EXEMPLE DE DÉFALCATION

Nous sommes en compte avec Paul : il nous paie 6 % d'intérêt sur les sommes de son débit, et nous lui tenons compte de 5 % sur les sommes de son crédit.

Supposons donc que Paul nous doive 900 fr., valeur 1er mai, et que, de notre côté, nous lui devions 600 fr., valeur 10 mai.

Il faudra calculer les intérêts à 6 % sur 900 fr., du 1er mai au 10 mai, jour où le compte change, parce qu'il faut défalquer les 600 fr. que nous devons à Paul; c'est ainsi que, le 10 mai, le solde (300 fr. seulement) continue à porter intérêt jusqu'à une autre échéance. Admettons que Paul nous remette ensuite 500 fr. au 31 mai, les 300 fr. précités auront porté intérêt à 6 %, du 10 mai au 31 mai, jour où il faut les défalquer des 500 fr., et le reste (200 fr.) va porter intérêt à partir du 31 mai, au taux de 5 %, parce qu'on remarque que, cette fois, Paul est créancier du solde, etc. Les intérêts trouvés se placent respectivement dans deux colonnes, et on en fait la balance.

Cette marche, qu'on dit venir de Hambourg, est aussi appelée *Hambourgeoise*.

MARCHE PROGRESSIVE

DÉFINITION

Dans l'ordre des choses, c'est le créancier qui produit son compte courant à son débiteur. Cette règle reçoit pourtant une exception; quand, par exemple, les banquiers, ou d'autres commerçants dont la comptabilité est régulièrement administrée, prennent l'initiative, et font, aux époques voulues, les comptes courants destinés à leurs correspondants, lors même que ces derniers sont créditeurs du solde.

Les maisons qui procèdent ainsi n'ont pas pour principal but d'éviter qu'on les devance dans ce travail; elles tendent plutôt à ce que les époques prises ou accoutumées pour le règlement des comptes ne passent pas sans que la position de compte de leurs correspondants soit apurée et déterminée positivement. Du reste, il faut bien produire le compte courant au correspondant qui ne sait pas ou ne veut pas dresser exactement de pareils comptes.

MARCHE PROGRESSIVE

DOIT M. Martin, *de Libourne, son compte courant et d'intérêts, à 6 % l'*

(1) DATES		(2) SOMMES		(3) DÉTAIL DES ARTICLES	(4) ÉCHÉANCES		(5) jours	(6) NOMB
1864 Décembre	31	700	»	Solde du compte précédent. . . . . Valeur.	31	Décembre 1864	181	12 7
1865 Janvier	15	1200	»	M/ facture à trois mois.	15	Avril 1865	76	91
— Mars	5	800	»	M/ remise sur Paris.	1er	Mai —	60	480
— Avril	10	310	»	S/ traite sur Limoges retournée avec frais.	10	Avril —	81	251
— Mai	16	1550	»	M/ versement pour son compte à Benoît. .	16	Mai —	45	697
— Juin	3	100	»	M/ remise sur Lyon.	15	Juin —	15	15
		4660	»					3622
		(7) 16	70	**Intérêts sur la balance des nombres.**				
		4676	70					3622
1865 Juin	30	(8) 636	70	**Solde débiteur** à nouveau . . . Valeur.	30	Juin 1865		

(1) Colonne des dates du débit de Martin.
(2) Colonne des capitaux du débit de Martin.
(3) Colonne du détail des articles.
(4) Colonne des échéances à partir desquelles les capitaux rapportent intérêt.
(5) Colonne des jours compris entre les échéances du débit et le 30 juin, époque de clôture.
(6) Colonne des nombres résultant de la multiplication des sommes par les jours pendant lesquels courent intérêts.
(7) Intérêts calculés sur la balance des nombres (100060). Martin doit plus de nombres qu'on ne lui en doit doit donc la balance des intérêts.
(8) Solde du compte, placé au débit pour exprimer ce que Martin doit net au 30 juin. C'est le premier élem d'un compte nouveau, si on continue les relations d'affaires.

CLASSEMENT DES MATIÈRES DU COMPTE N° 1
COTÉ DU DÉBIT

Colonne n° 1. — On y a placé les dates auxquelles M. Martin a reçu des sommes ou valeurs, suivant les livres de Durand aîné; ces dates sont indispensables pour que Martin puisse se renseigner et vérifier utilement le compte de Durand aîné.

Colonne n° 2. — En regard des dates se trouvent placées les sommes dont Martin est débiteur.

Colonne n° 3. — Là, on a mis tout le détail possible pour que Martin puisse reconnaître la justesse des sommes dont on le débite, et pour que ce corres-

Dans notre exemple, le 30 juin 1865, M. Durand aîné, de Bordeaux, a voulu faire le compte courant de son correspondant, M. Martin, de Libourne. Pour cela, il a fallu prendre une feuille de papier dont la réglure (usitée dans toute la France) est expliquée dans toutes ses divisions au bas de notre exemple n° 1.

ANS NOMBRES ROUGES

DURAND *aîné, de Bordeaux, au 30 juin 1865.* (EXEMPLE N° 1.) **AVOIR**

(1) DATES		(2) SOMMES		(3) DÉTAIL DES ARTICLES	(4) ÉCHÉANCES			(5) jours	(6) NOMBRES
Janvier	15	500	»	S/ remise sur Bordeaux...... Valeur.	15	Mars	1865	107	53500
Février	10	900	»	S/ versement espèces	10	Février	—	140	126000
Mars	20	300	»	S/ traite sur Limoges	1er	Avril	—	90	27000
Mai	25	1800	»	S/ traite sur Périgueux	31	Mai	—	30	54000
Juin	1er	340	»	S/ d° sur Marseille............	25	Juin	—	5	1700
d°	30	200	»	S/ versement espèces	30	d°	—	époque	»
		4040	»						262200
				Balance des nombres.					(7) 100060
		(8) 636	70	**Balance des capitaux.**					
		4676	70						362260

. S. E. ou O. — Bordeaux, le 30 juin 1865.
DURAND aîné.

onne des dates du crédit de Martin.
onne des capitaux du crédit de Martin.
onne du libellé des articles.
onne des échéances à partir desquelles les capitaux produisent des intérêts.
onne des jours compris entre les échéances du crédit et l'époque d'arrêté-compte, 30 juin 1865.
onne des nombres produits par la multiplication des sommes par les jours correspondants.
ance des nombres. Elle est placée au crédit pour qu'on puisse balancer le compte; il est facile de voir que
es 100060 nombres viennent de ce que les nombres du débit excèdent ceux du crédit; Martin doit donc les
ntérêts sur cette balance, et pour en connaître le chiffre, on divise 100060 par 6, en observant de séparer
ois décimales.
ance des capitaux. Martin nous doit 4,676 fr. 70 c.; nous lui devons 4,040 fr.; il nous doit finalement la
ifférence, 636 fr. 70 c., qu'on place d'abord au crédit du compte pour le balancer, et qu'on transporte
nsuite au débit, qui est la véritable place de ce solde.

pondant n'ait pas de motifs de contester le compte en raison de son manque de clarté.

Colonne n° 4. — Elle contient les échéances des valeurs.

Ces échéances sont les époques à partir desquelles les capitaux portent intérêt. A cet égard, le lecteur comprendra bien que les sommes ne portent pas toutes intérêt du jour de la remise, c'est à dire de la date de la colonne n° 1. Néanmoins, qu'on veuille bien lire avec attention ce que nous disons, quelques lignes plus loin, sur les causes de l'*échéance des valeurs*.

Colonne n° 5. — Puisque nous avons remarqué que, dans un compte courant et d'intérêt, les sommes portaient intérêt depuis leurs échéances, placées dans la colonne n° 4, jusqu'au jour de la clôture du compte, il nous faut donc, dans notre exemple, calculer le temps compris entre les échéances des valeurs et le 30 juin ; les jours trouvés se placeront dans cette cinquième colonne.

Colonne n° 6. — C'est la colonne des nombres. Nous avons vu, dans la première partie de cet ouvrage, ce que c'était que des *nombres;* comme on va le voir, il faut que Martin soit débité des nombres sur lesquels il doit l'intérêt, en attendant qu'on le débite du montant de cet intérêt, quand on l'aura déterminé.

COTÉ DU CRÉDIT

Les six colonnes du crédit ont une destination inverse à celle des colonnes du débit, en cela qu'elles doivent contenir les articles à l'avoir de Martin; mais la distribution, ou plutôt le classement des articles, s'y fait de la même manière qu'à l'égard du débit. On enregistre donc dans ces colonnes du crédit les valeurs dont Martin est créancier, ainsi qu'il est dit, du reste, au bas de l'exemple, côté de l'avoir.

Ce raisonnement est facile à saisir, surtout si l'on comprend que ce qui fait l'objet du débit de Martin, chez nous, est à notre crédit sur ses livres, tandis que ce que nous portons ici à son crédit figure, chez lui, au débit de notre compte ; c'est ce que nous aurions vu si Martin avait produit ce compte lui-même.

OBSERVATIONS SUR LES ÉCHÉANCES

Ordinairement, ce qui porte intérêt de suite, c'est à dire du jour de la remise (date de la 1re colonne), ce sont les valeurs suivantes :

1° Les soldes de compte reportés à nouveau ;

2° Les espèces ;

3° Le montant de toute facture, quand la vente de la marchandise n'est pas faite à terme ;

4° Les effets déjà échus lors du jour de leur remise ou échéant précisément ce jour-là ;

5° Les effets impayés avec leur compte de retour ;

6° Enfin, certaines sommes *par convention.*

Mais les factures de marchandises sont très souvent payables à 30, 60, 90, 120 jours, etc., en sorte que si, à l'échéance, elles ne sont pas payées, leur montant porte intérêt.

DOIT   *M. MARTIN, son compte courant, et*

(1)	(2)		(3)	(4)	(5)	(6)
1864 Décembre 31	700 21	» 11	Solde, etc. . . . . **Intérêts à 6 °/₀ sur les nombres.**	31 Décembre 1864	181	126700
	721	11				

Les effets ont une échéance plus ou moins longue, ce qui fait qu'ils ne rapportent pas intérêt du jour de la remise, mais bien du jour où on est censé en avoir touché le montant, c'est à dire du jour de leur échéance.

Enfin, toutes les valeurs possibles peuvent, par convention, porter intérêt à partir d'un jour autre que celui de leur remise.

MANIÈRE DE RÉGLER LE COMPTE COURANT

Il faut, pour bien saisir la manière de régler un pareil compte, en examiner les deux côtés. En étudiant, au débit comme au crédit, la composition des colonnes numérotées 1, 2, 3 et 4, on comprend la partie matérielle et première du compte, on en a le rudiment.

S'il s'agissait d'un compte ordinaire par *doit* et *avoir,* le règlement serait vite fait.

Au débit, on voit six sommes que nous doit Martin : cela fait 4,660 fr.; au crédit de son compte sont portés 4,040 fr. que nous lui devons en diverses valeurs. Ainsi, la différence entre le crédit et le débit va se trouver rapidement, s'il s'agit de déterminer simplement ce que Martin nous doit en fait de capitaux.

Mais il y a la question de l'intérêt en plus, et nous la résoudrons au moyen des colonnes numérotées 5 et 6.

Il nous paraît d'abord qu'il faut calculer, d'une part :

Les intérêts que nous doit Martin sur les sommes placées à son débit ;

Et d'autre part :

Les intérêts que nous devons à Martin sur les sommes portées à son crédit.

Ces intérêts se prendront sur chaque somme depuis son échéance particulière jusqu'au 30 juin, époque à laquelle le compte est arrêté.

On doit se rappeler que, pour prendre l'intérêt d'une somme, il faut multiplier cette somme par les jours pendant lesquels elle rapporte intérêt, puis diviser le produit de cette multiplication (soit les nombres) par tel diviseur fixe qui fait trouver l'intérêt au quotient (voir la définition de l'intérêt, du reste).

Supposons que le compte de M. Martin ne se compose que des deux premiers articles, soit :

Un de 700 fr. au débit, et un de 500 fr. au crédit.

Voici l'aspect de ce compte n° 2 :

juin 1865. (Exemple n° 2.)   **AVOIR**

(1)		(2)		(3)		(4)	(5)	(6)
Janvier	15	500	»	Sa remise, etc	15	Mars 1865	107	53500
		8	91	**Intérêts à 6 % sur les nombres.**				
		508	91					
		212	20	**Balance** au débit de Martin.				

N° 11.

Au débit, nous voyons que Martin nous doit 700 fr., valeur 31 décembre 1864. Or, comme nous arrêtons le compte le 30 juin 1865, il faut trouver l'intérêt dû par Martin du 31 décembre 1864 au 30 juin 1865. La table civile nous donne le temps : c'est 181 jours qu'il faut écrire dans la colonne n° 5.

Nous faisons les nombres en multipliant 700 par 181, et nous plaçons 126700 nombres dans la sixième colonne ; nous divisons ces nombres par le diviseur fixe 6, et, ayant séparé trois décimales au quotient, nous trouvons que Martin nous doit 21 fr. 11 c. d'intérêt à 6 %.

Passant ensuite au crédit, nous trouvons que Martin est notre créancier d'une somme de 500 fr., valeur au 15 mars 1865.

Nous lui devons donc, sur cette somme, des intérêts du 15 mars au 30 juin 1865, soit pendant 107 jours, que nous plaçons dans la cinquième colonne. Ayant multiplié 500 par 107, nous mettons le produit, 53500, dans la colonne des nombres n° 6. La division de ces nombres par le diviseur fixe nous donne pour quotient 8 fr. 91 c. d'intérêts à 6 % dus par nous à Martin. Nous devons donc en tout à Martin 508 fr. 91 c. ; mais il nous doit lui-même 721 fr. 11 c. ; la balance de ce compte est donc 212 fr. 20 c. dont nous sommes créanciers.

Il y a un moyen de procéder plus simple et plus expéditif surtout.

Puisqu'on divise les nombres du débit et ceux du crédit par le même diviseur (6), on peut bien ne faire qu'une seule division : pour cela, il suffit de prendre la différence des nombres et d'opérer sur cette différence.

Martin doit. . . . . 126700 Nombres ;
Durand lui en doit. 53500
     Cela fait donc. . . . . 73200 Nombres

dont Martin est débiteur ; en divisant ces nombres par 6, on voit que Martin redoit pour intérêts. . . . . . F. 12,20 d'une part, et que, d'autre part, il doit la balance des capitaux . . . . 200 » différence entre 500 et 700.

    Martin doit donc . . F. 212,20 pour solde.

Il s'agit à présent d'employer ce dernier système sur l'ensemble du compte de Martin ; reportons-nous donc à l'exemple n° 1.

Nous allons calculer au débit les jours compris entre chacune des échéances des six valeurs de ce côté et le 30 juin ; nous ferons ensuite les nombres en multipliant les jours obtenus par leurs sommes correspondantes. Ces nombres étant trouvés, nous les placerons dans la colonne n° 6, et, ensuite, il nous faudra passer au crédit du compte pour y faire les mêmes opérations qu'au débit ; c'est à dire que nous déterminerons les jours, puis les nombres [1]. Enfin, quand les

---

[1] Quand une valeur du débit ou du crédit a précisément pour échéance le jour même pris pour époque de clôture du compte, il n'y a pas d'intérêts à compter, et aussi on met, comme nous l'avons fait dans cet exemple n° 1, au crédit, le mot *époque* dans la colonne des jours.

deux côtés auront ainsi leurs colonnes garnies, il faudra faire l'addition des nombres et celle des capitaux.

C'est en procédant ainsi qu'on découvrira que Martin nous doit, d'après le débit de son compte. F. 4,660 et l'intérêt sur 362260 Nombres, tandis qu'il lui est dû, suivant son crédit. . 4,040 et l'intérêt sur 262200

Différence. . 100060 Nombres, dont il faut prendre note, car nous allons y revenir.

Observation. — Nous n'avons pas encore déterminé la balance des capitaux, nous ne pourrons le faire que quand nous connaîtrons le montant de l'intérêt ; nous le cherchons pour le moment, et nous ne savons pas s'il ira au débit ou au crédit.

Que nos lecteurs veuillent bien suivre avec attention notre raisonnement.

On a vu, d'après l'exemple n° 2, qu'il était trop long de prendre l'intérêt sur chaque nombre, au débit comme au crédit ; pourtant, dans cet exemple-là, il n'y avait qu'un article de chaque côté, tandis que, dans l'exemple n° 1, qui nous occupe, il y a six articles au débit et autant au crédit ; ce serait donc bien long de prendre l'intérêt sur chaque nombre. Cela ferait 12 divisions par 6, et, au bout de cela, il faudrait encore défalquer le chiffre des intérêts du crédit du chiffre des intérêts du débit.

Un moyen plus court, mais encore trop long, serait de prendre, d'une part, l'intérêt à 6 0/0 sur les 362260 nombres du débit (60 fr. 376 m.), et, d'autre part, l'intérêt à 6 0/0 sur les 262260 nombres du crédit (43 fr. 70 c.) ; on soustrairait ensuite l'intérêt du crédit de celui du débit, pour trouver la balance de l'intérêt : une pareille opération donnerait pour quotient 16 fr. 70 c. d'intérêt au débit de Martin.

Dans ce cas, remarquons que les nombres du débit et du crédit sont divisés par le même diviseur, — l'intérêt étant réciproque, — et alors, au lieu de faire deux divisions successives par 6, puis une soustraction ensuite, employons le moyen le plus simple, qui est celui de ne diviser par 6 que la balance des nombres, 100060, dont nous avons pris note. On séparera trois décimales au quotient (parce qu'on a divisé par 6 et non par 6000, pour abréger), et on aura pour résultat 16 fr. 70 c. d'intérêt à porter au débit de Martin [1].

N'est-il pas tout naturel que Martin soit débité de l'intérêt, puisqu'il doit définitivement 100060 nombres ?

Il faut s'occuper à présent de balancer le compte. On balance un compte en rendant le côté du débit égal au crédit en capitaux et en nombres ; cela se fait en ajoutant au côté le plus faible ce qui lui manque pour égaler le côté le plus fort.

---

[1] La division donne 16 fr. 67 c. 6 m., mais en banque et dans le commerce on arrondit les centimes et on compte 16 fr. 70 c.

7

Dans notre exemple, pour rendre le crédit égal au débit sous le rapport des nombres, il faut y ajouter les 100060 nombres : c'est la balance.

Pour balancer les capitaux, on additionne de chaque côté la colonne des sommes ; au débit l'on trouve. . . . . F.   4,676 70

On en défalque les capitaux du crédit qui s'élèvent à . . .   4,040 »

Et on voit que Martin redoit. . . . . . . F.   636 70

C'est cette balance des capitaux qu'on place momentanément du côté du crédit pour obtenir l'égalité des totaux.

Cela étant fait, on tire les traits comme il est fait dans notre modèle, et le compte courant étant ainsi clôturé, on rapporte au débit les 636 fr. 70 c. en écrivant sur la ligne qu'ils occupent : *Solde débiteur à nouveau,* valeur 30 juin 1865.

On procède ainsi parce qu'il peut arriver que Martin nous rembourse de suite, ou que son compte soit continué.

Dans le premier cas, il convient que Martin aperçoive de suite au bas du compte courant la somme nette dont il est notre débiteur.

Dans le second cas, si Martin continue le compte et ne nous règle que plus tard, il faut bien que ce solde soit le premier article du compte nouveau et que ces 636 fr. 70 c. portent intérêt à partir du 30 juin 1865.

Maintenant, comme on est exposé, dans de pareils calculs, à faire des erreurs ou des omissions, c'est par une sorte de réserve que les commerçants mettent au bas de leurs comptes courants *S. E. ou O.,* initiales des mots *sauf erreur ou omission.*

Les comptes courants sont habituellement datés et signés.

OBSERVATIONS TRÈS ESSENTIELLES

La plupart des banquiers et des commerçants transcrivent leurs comptes courants sur des registres spéciaux ; quelques-uns les copient au moyen de la presse.

Dans le compte courant que nous venons de régler, aucune des échéances ne dépasse le 30 juin ; nous allons voir, dans l'exemple suivant, que, quand il y a, dans un compte courant à marche progressive, des échéances postérieures à la date d'arrêté-compte, cela donne lieu à des nombres rouges.

Dans la marche progressive, l'intérêt se place toujours du côté opposé à la balance des nombres. En voici la raison : Il faut bien placer l'intérêt du côté le plus fort en nombres, puisqu'on doit d'autant plus d'intérêts qu'on doit plus de nombres ; d'autre part, on est obligé de mettre la balance des nombres du côté le plus faible en nombres pour amener l'égalité des totaux.

On dit que le solde est *débiteur* quand, dans un compte, les capitaux du débit excèdent ceux du crédit.

Le solde est dit *créditeur* quand, au contraire, les capitaux du crédit excèdent ceux du débit.

Nous ferons voir, dans les exemples n°ˢ 12 et 13, la différence qu'il y a entre le règlement d'un compte d'après l'année commerciale, au moyen des diviseurs fixes commerciaux, et le règlement de ce même compte par la méthode usitée en banque et dans le commerce.

Dans notre exemple n° 1, puisqu'on a calculé les jours d'après l'année civile, on devait employer sur les nombres le diviseur civil 6083, on aurait trouvé 16 fr. 45 c. d'intérêt; mais on sait qu'il est d'usage d'employer le diviseur commercial, et ayant, en conséquence, divisé les nombres par 6, on a obtenu 16 fr. 70 c. pour quotient. Cela ne fait, il est vrai, que 25 c. de différence, mais ce n'est pas moins un préjudice d'autant pour Martin.

Enfin, il peut se présenter quatre cas dans tous les comptes courants possibles :

1° Le solde peut être débiteur, et l'intérêt se trouver au débit (c'est ce qui arrive dans notre exemple n° 1).

2° Le solde étant débiteur, l'intérêt peut se trouver au crédit.

3° Le solde étant créditeur, l'intérêt peut être placé au crédit.

4° Le solde étant créditeur, l'intérêt peut aller au débit.

Cela vient des échéances; en effet, Martin peut nous devoir 1,000 fr. que nous lui avons remis le 15 février en une valeur au 15 juin, tandis que nous lui devons 500 fr. qu'il nous remet en espèces, le 1ᵉʳ avril.

Il est bien clair qu'au 30 juin, époque où le compte sera réglé, ce correspondant nous devra 500 fr., la balance des capitaux; mais ce sera nous qui lui devrons des intérêts à cette époque, parce que lui n'aura joui de nos 1,000 fr. que pendant 15 jours, tandis que nous aurons profité de ses 500 fr. pendant 3 mois.

REMARQUE SUR LES NOMBRES

Si on se reporte à la première valeur du débit de notre compte courant n° 1, on voit que l'intérêt de 700 fr. pendant 181 jours égale l'intérêt de 181 fois 700 fr., ou 126700 fr. pendant un seul jour. D'après cela, Martin est débiteur de l'intérêt d'un jour sur toutes les sommes de la colonne des nombres du débit, tandis qu'il est créditeur de l'intérêt d'un jour sur les sommes ou nombres du crédit.

Il est donc tout simple, puisque les nombres des deux côtés sont ramenés à l'intérêt d'un jour, de les balancer et de n'agir que sur leur différence au moyen du diviseur fixe.

MARCHE PROGRESSIVE

AVEC NOMBRES ROUGES

Dans les comptes courants réglés par la marche progressive, il se trouve très souvent des valeurs dont l'échéance est postérieure à la date de clôture ou d'arrêté-compte.

En effet, un compte courant est bien un tableau par *débit* et *crédit* des sommes que les correspondants se sont remises et qu'ils se doivent respectivement; toutes ces valeurs sont bien comprises entre la date d'ouverture du compte et son jour de clôture; mais si les commerçants se doivent l'intérêt sur les sommes dont l'échéance arrive avant la clôture du compte, il n'en est pas de même pour les valeurs dont l'échéance tombe après cet arrêté-compte; on conçoit facilement qu'on ne peut devoir l'intérêt sur une valeur non encore réalisée et du montant de laquelle on n'a pas encore profité, par conséquent.

Toutefois, il faut bien remplir la colonne des jours et celle des nombres au sujet de ces échéances dites *postérieures*.

Les jours s'obtiennent en calculant le temps compris entre l'époque de clôture du compte et les échéances postérieures, puis les nombres et les jours se

MARCHE PROGRESSIVE

DOIT   *M. Roux, de Marseille, son compte courant et d'intérêts, à 5 % l'a*

1865 Janvier	25	2000	»	M/ remise sur Paris . . . . Valeur.	15	Février 1865	135		270000
— Février	20	580	»	Traite acceptée pour son compte	20	Mars —	102		38700
— Mars	10	5000	»	M/ facture à deux mois	10	Mai —	51		255000
— Avril	30	100	»	M/ remise sur Lyon	15	Juillet (A)	15		1500
— Mai	31	500	»	M/ d° sur Marseille.	31	d° (A)	31		15500
— Juin	5	1300	»	M/ facture à deux mois	5	Août (A)	55		16800
d°	10	720	»	Retour de son billet sur Londres.	10	Juin —	20		14400
				Nombres rouges du crédit					49540
				Balance des nombres					255860
		10000	»						886050
1865 Juin	30	1755	»	**Solde débiteur** à nouveau. . . . . Valeur.	30	Juin 1865			

RÈGLEMENT DE L'EXEMPLE N° 3

Durand aîné, de Bordeaux, veut produire son compte à son correspondant de Marseille, M. Roux. Ce compte courant, dont les intérêts à 5 % sont réciproques, s'arrête au 30 juin 1865.

Au débit, nous calculons, comme dans l'exemple n° 1, les jours, puis les nombres sur les trois premières échéances, ainsi que sur la toute dernière valeur du compte, et nous plaçons les résultats dans leurs colonnes respectives.

mettent habituellement à l'encre rouge dans les colonnes ordinaires, afin d'être facilement distingués, car il ne faut pas les confondre dans l'addition générale des nombres à faire en dernier lieu pour déterminer la balance.

Nous dirons pourtant que toute manière de rendre ces nombres distincts des autres est bonne quand on ne peut pas, suivant l'usage, les noter en rouge.

Il faut néanmoins leur conserver leur désignation de *nombres rouges,* de même que nous appellerons les nombres que nous savons former *nombres noirs.*

Dans ces sortes de comptes, quand tous les nombres sont faits, avant d'en faire la balance, on transpose les nombres rouges du débit au crédit, où on les écrit en noir, et on transpose les nombres rouges du crédit, à l'encre noire, du côté du débit. Ensuite, on fait la balance des nombres noirs comme dans l'exemple n° 1, en observant de ne pas comprendre les nombres rouges dans les additions.

Mais, pour être plus clair, nous allons faire le compte-courant n° 3.

Nota. — Quelques personnes placent les nombres rouges dans une colonne spéciale, intercalée entre la colonne des jours et celle des nombres ordinaires. S'il est vrai que la confusion est moins possible avec ce système, il faut bien reconnaître qu'une colonne de plus que d'usage rend un compte trop chargé.

VEC NOMBRES ROUGES

DURAND *aîné, de Bordeaux, au 30 juin 1865.* (Exemple n° 3.) **AVOIR**

Janvier	1	4000	»	Solde du compte précédent . . . . . Valeur.	1er	Janvier 1865	180	720000
Février	5	800	»	S/ facture à 60 jours.	5	Avril —	86	68800
Mars	31	700	»	S/ remise sur Londres.	20	Mai —	41	28700
Avril	20	1260	»	S/ d° sur Bordeaux	25	Juillet (B)	25	51500
Mai	10	440	»	S/ facture à trois mois.	10	Août (B)	31	18010
Juin	25	1000	»	S/ versement à compte.	25	Juin —	5	5000
				Nombres rouges du débit				63800
		45	»	**Intérêts** à 5 %/0 sur la balance des nombres.				
		1755	»	**Balance des capitaux**				
		10000	»					886300

S. E. ou O. — Bordeaux, le 30 juin 1865.
DURAND aîné.

N° 12.

Là, nous procédons facilement, parce que nous comptons les jours compris entre ces échéances antérieures au 30 juin et cette même époque du 30 juin, terme du compte.

Mais, arrivé aux trois échéances marquées A, nous remarquons qu'elles tombent après le 30 juin; nous ne pouvons faire leurs jours qu'en comptant le temps écoulé entre le 30 juin et chacune de ces échéances postérieures.

Ces jours et les nombres qui en résultent sont ensuite placés en rouge dans les.

colonnes habituelles, et nous passons au crédit. De ce côté, nous pouvons déjà faire les nombres des quatre sommes antérieures à l'époque de clôture; mais deux valeurs, marquées B, sont la cause d'un calcul spécial, c'est à dire que, là encore, nous sommes obligés de compter les jours du 30 juin à ces échéances postérieures; enfin, leurs nombres étant faits, nous les portons, ainsi que les jours, en rouge, dans les colonnes d'usage.

Nous voilà en présence d'un compte composé de nombres rouges et de nombres noirs; il semble qu'il n'y a plus qu'à faire la balance des nombres pour trouver l'intérêt. Il faut auparavant jeter un coup d'œil rétrospectif sur l'ensemble du compte.

En examinant le débit, on reconnaît que Roux nous doit, au 30 juin 1865, 10,000 fr. en sept valeurs de diverses sortes. Ces valeurs, il les a reçues de nous pendant le cours du compte courant et avant sa clôture.

Veut-on supposer, pour un instant, que ces sept valeurs qui nous sont dues échoient avant le 30 juin? Roux nous en devra l'intérêt au 30 juin depuis le jour où il les aura réalisées, et si Roux nous rembourse le 30 juin nos 10,000 fr., il y joindra l'intérêt sur toutes les sommes à son débit.

Mais voici la difficulté, les sept sommes se décomposent ainsi : en quatre sommes échéant avant le 30 juin (les nombres noirs en sont faits);

Et en trois autres sommes dont l'échéance est postérieure au 30 juin (les nombres en sont faits aussi, mais ils sont portés en rouge).

Quelles remarques doit-on faire à ce sujet? Pour le moment, deux, ce nous semble :

1° Si Roux nous rembourse nos 10,000 fr. au 30 juin, il ne nous devra de l'intérêt que sur les quatre valeurs échues avant le 30 juin, on a donc bien fait d'en porter les nombres en noir, parce qu'ils représentent un chiffre d'intérêt.

2° Quant aux trois valeurs A, puisque Roux n'en a pas joui au 30 juin, il n'en doit pas encore l'intérêt; aussi a-t-on bien procédé en écrivant les nombres résultant de ces valeurs en rouge, pour exprimer qu'ils étaient improductifs d'intérêts, et pour qu'il n'en soit pas tenu compte dans l'addition des nombres du débit.

Il semble à la plupart des élèves qu'il faut arrêter là ses remarques; le débit du compte leur paraît régularisé; pas encore; qu'on veuille bien lire la troisième observation, c'est la plus essentielle :

3° On a dit que Roux nous remboursait nos sept valeurs, c'est à dire notre capital de 10,000 fr., le 30 juin 1865; mais, si l'on considère ce que sont les échéances marquées A, on découvre que, le 30 juin, Roux a encore à attendre :

15 jours pour toucher. . . . . . F.	100 au 15 juillet.
31 — —	500 — 31 —
36 — —	1300 — 31 août.

Voilà donc trois sommes formant 1,900 fr. qui nous sont remboursées avant que Roux n'en ait profité? Et nous avons pensé tout à l'heure qu'il était suffisant

de ne pas débiter Roux de l'intérêt sur ces trois sommes? Ne voyons-nous pas,
à présent, qu'il faut *de plus* créditer ce correspondant de l'intérêt sur ces mêmes
sommes qu'il nous paie le 30 juin, sans les avoir recouvrées lui-même?

N'assimilerons-nous pas Roux à un banquier à qui nous négocierions, le
30 juin, trois valeurs aux 15, 31 juillet et 31 août? Aussi, nous devons d'abord :
ne pas additionner les nombres rouges du débit avec les nombres noirs, parce
que Roux ne doit point d'intérêt, comme nous l'avons dit, sur ces trois échéances
postérieures au 30 juin; puis, ensuite, il faut additionner ces nombres rouges et
en porter le chiffre, 63800, en noir, au crédit, en écrivant sur la même ligne :
Nombres rouges du débit, parce que l'intérêt de ces nombres est dû à Roux, qui
nous rembourse d'avance.

Voyons le crédit du compte. Nous devons à Roux 8,200 fr. en six valeurs, et, si
les échéances de ces six valeurs tombaient avant le 30 juin, nous devrions à Roux
l'intérêt sur toutes ces valeurs dont nous aurions profité. Mais il n'y a que
quatre sommes dont les échéances soient antérieures au 30 juin; leurs jours et
leurs nombres sont placés, en conséquence, à l'encre noire dans les colonnes qui
leur sont affectées.

Les deux autres valeurs, marquées B, échoient au 25 juillet et au 10 août;
nous les devons bien à Roux comme capitaux remis avant le 30 juin, mais nous
ne lui en devons pas l'intérêt au 30 juin; aussi les nombres de ces deux valeurs
sont-ils portés en rouge au crédit pour qu'on ne les comprenne pas dans l'addition des nombres noirs, qui représentent l'intérêt. Ce n'est pas tout : il est évi-
dent que si, au 30 juin 1865, nous tenons compte à Roux de :

1,260 fr. au 25 juillet, soit : 25 jours avant de les avoir touchés nous-mêmes,
et de 440 fr. au 10 août, soit : 41 jours   —   —

ce correspondant nous doit des intérêts, car nous lui escomptons, pour ainsi
dire, ces deux valeurs. Il faut donc en additionner les nombres (49,540) et les
porter en noir au débit de Roux, en libellant : « *Nombres rouges du crédit,* » et
dans l'addition des nombres du crédit, on ne comprendra pas les nombres rouges
qui s'y trouvent.

Le compte se trouvant régularisé, il n'y a plus qu'à le balancer.

L'addition des nombres du crédit donne. . . . . 886300 N.
Celle des nombres du débit produit. 627700
La balance des nombres est de. . . . . . . 258600 N.

Ce chiffre doit être placé au débit, parce que c'est le côté le plus faible, et
qu'on veut le rendre égal au côté du crédit.

On divise, suivant l'usage de la banque, cette balance (258600 N.) par 72, et,
ayant séparé deux décimales au quotient, on trouve 45 fr. d'intérêt qu'il faut
placer au crédit du compte. Nous avons déjà vu que l'intérêt va toujours du côté
le plus fort en nombre dans la marche progressive.

Ensuite, on balance les capitaux.

Au débit, leur chiffre s'élève à . . . . F. 10,000

Au crédit, on trouve. 8,245

La balance . . . . F. 1,755   doit être placée momentanément au crédit pour amener l'égalité entre les totaux. Aussi, les totaux des capitaux et ceux des nombres sont-ils respectivement égaux entre eux.

On tire alors les traits comme nous l'indiquons et on abaisse les totaux.

Il faut, en dernier lieu, replacer au débit, sous les traits, la somme de 1,755 fr. dont Roux est *débiteur à nouveau, valeur 30 juin 1865.*

Nos lecteurs ont vu, dans le premier exemple, que le correspondant débiteur de la balance des capitaux devait aussi l'intérêt, et cela leur a paru naturel; ils remarqueront, sans doute, qu'il n'en est pas de même dans cet exemple n° 3 qui vient de nous occuper : Roux est bien débiteur du solde, mais il est créditeur de l'intérêt.

Nous renvoyons, pour l'explication de ceci, aux observations placées à la fin de notre démonstration de la marche progressive sans nombres rouges.

MARCHE RÉTROGRADE

DÉMONSTRATION PRATIQUE

Pour faire les jours et les nombres de ce compte, on n'attend pas que les colonnes en soient complètement garnies d'articles; il vaudrait autant, dans ce cas, se servir de la marche progressive que nous connaissons.

Nous sommes obligés de représenter ici un compte tout fait, tout balancé; nos

MARCHE RÉTROGRADE

DOIT   *M. Martin, de Libourne, son compte courant et d'intérêts à 6 % l'*

							époque	
1864 Décembre	31	700	»	Solde du compte précédent.	31	Décembre 1864		120
1865 Janvier	15	1200	»	M/ facture à trois mois.	15	Avril 1865	105	
— Mars	5	800	»	M/ remise sur Paris.	1er	Mai —	121	96
— Avril	10	310	»	S/ traite sur Limoges retournée avec frais	10	Avril —	100	31
— Mai	16	1550	»	M/ versement pour son compte à Benoît. .	16	Mai —	136	210
— Juin	5	100	»	M/ remise sur Lyon.	15	Juin —	166	16
		(*) 4660	»					(*)481
		16	70	**Intérêts** sur la balance des nombres.				100
		4676	70					581
1865 Juin	30	656	70	**Solde débiteur** à nouveau.	30	Juin 1865		

lecteurs pourraient donc croire qu'on est obligé, comme dans la progressive, d'attendre non seulement que le compte soit au complet sous le rapport des chiffres, mais encore que l'époque de sa clôture soit connue : ce serait une erreur.

Nous voulons faire, partie par partie, un compte courant nº 4 que Durand aîné produira à Martin, de Libourne, son débiteur ; mais nous avons beaucoup d'autres comptes à établir et nous désirons que notre travail s'effectue uniformément, pour ne pas être surchargé aux époques ordinaires de règlement des comptes. Nous tenons, du reste, à produire les nôtres exactement.

D'autre part, Martin pourrait bien, d'un moment à l'autre, nous demander son compte arrêté à une époque que nous n'aurions pas prévue, et d'autres correspondants pourraient aussi faire de même ; en sorte que, comme nous le disions dans la courte définition que nous avons déjà donnée sur la marche qui nous occupe, pour être constamment en mesure de satisfaire, suivant les usages du commerce, aux demandes de nos clients, nous devons employer cette *marche rétrograde*.

Tout compte courant a bien une date d'ouverture et une date de clôture? Ici, la dernière date nous est inconnue, c'est vrai, mais nous connaissons la première époque, celle qui ouvre le compte courant.

Le premier article qu'on écrit dans un compte courant, soit au débit, soit au crédit, donne, par son échéance, la date d'ouverture du compte.

Nous engageons, à ce sujet, nos lecteurs à ne jamais confondre l'échéance avec la date de remise ; dans notre exemple et pour ce premier article, la date de remise se trouve être la même que celle de l'échéance ; mais on sait que cela arrive rarement.

Nous voyons donc que notre premier article est au débit ; il s'agit de 700 fr. portant intérêt à partir du 31 décembre 1864 : c'est à cette époque que notre compte courant commence.

SANS NOMBRES ROUGES

Durand aîné, de Bordeaux, au 30 juin 1865. (EXEMPLE Nº 4.)　　**AVOIR**

33 Janvier	13	300	»	S/ remise sur Bordeaux	13	Mars 1865	74	37000
– Février	10	900	»	S/ versement espèces.	10	Février —	41	36900
– Mars	20	300	»	S/ traite sur Limoges.	1er	Avril —	91	27300
– Mai	25	1800	»	S/ dº sur Périgueux.	31	Mai —	151	271800
– Juin	1er	340	»	S/ dº sur Marseille	25	Juin —	176	59840
– dº	30	200	»	S/ versement espèces.	30	dº —	181	36200
		(*) 4040	»					(*)469040
				(620) **Balance des capitaux.** Valeur	30	Juin —	181	112220
		636	70	**Balance des capitaux.**				
		4676	70					581260

Nº 13.

8

Pour cette échéance, nous ne pouvons pas calculer les jours du 31 décembre 1864 au 30 juin 1865; nous ne connaissons pas cette dernière époque, mais nous disons que, du 31 décembre 1864 au même jour, il y a 0 jours et 0 nombres, et nous plaçons le mot *époque* dans la colonne des jours.

La seconde valeur de ce compte est au crédit : c'est 500 fr. au 15 mars. Du 31 décembre 1864, jour d'ouverture, au 15 mars 1865, il y a 74 jours et 37000 nombres.

Ces produits sont aussitôt placés dans leurs colonnes respectives.

La troisième valeur est au débit : c'est 1,200 fr., valeur 15 avril 1865; on dit : du 31 décembre 1864 au 15 avril 1865, il y a 105 jours et 126000 nombres.

La quatrième valeur est au crédit : c'est 900 fr. au 10 février 1865; on dit alors : du 31 décembre 1864 au 10 février 1865, 41 jours et 36900 nombres.

La cinquième valeur est au débit : c'est 800 fr., valeur 1er mai. Du 31 décembre 1864 au 1er mai 1865, on trouve 121 jours et 96800 nombres, et ainsi de suite. A mesure qu'une valeur est placée au débit ou au crédit, on en calcule les jours en partant de l'ouverture, 31 décembre 1864, et on fait les nombres en multipliant les sommes par les jours obtenus.

Ceux de nos lecteurs qui seraient embarrassés de trouver, dans leur ordre, les sixième, septième, huitième échéances, etc., n'ont, dans notre compte tout dressé, qu'à jeter les yeux sur les dates de remise du débit et du crédit, et à suivre l'ordre de ces dates.

Mais nous voici au moment où il convient d'arrêter le compte.

Il y a six sommes au débit, les jours et les nombres en sont faits. On a fait aussi les jours et les nombres des six sommes composant le crédit.

Au débit, on a . . . . 481200 Nombres.
Au crédit . . . . 469040 —

Mais le moment de la balance n'est pas encore venu, il faut additionner auparavant les sommes :

Capitaux du débit. . . . . F. 4660
— du crédit. 4040

Balance. . . . . F. 620

Le crédit étant le côté le plus faible en capitaux, c'est là que nous devons placer ces 620 fr. en prévision de la balance; mais le chiffre ne saurait être placé encore dans la colonne des capitaux, parce qu'il ne représente pas le solde définitif; il va être altéré dans un moment par l'intérêt.

On met donc ces 620 fr. dans la colonne de l'énoncé des articles, et comme, à présent, nous apprenons que le compte doit être clôturé au 30 juin, nous faisons porter à cette balance des capitaux *valeur au 30 juin*, puis nous en calculons les jours du 31 décembre 1864 au 30 juin 1865, ce qui fait 181 jours et, par suite, 112220 nombres.

C'est alors que nous faisons la balance générale des nombres.

Au crédit, on trouve . . . . 581260 Nombres.
Au débit . . . . 481200 —
Balance des Nombres 100060

Nous plaçons cette balance au débit, côté le plus faible en nombres, pour trouver l'égalité entre les nombres de ce côté et ceux du crédit.

On divise cette balance par 6, diviseur commercial fixe de l'intérêt à 6 % ; le quotient donne 16 fr. 70 c. en séparant trois décimales.

Ces 16 fr. 70 c. sont placés au débit, car, dans la marche rétrograde, l'intérêt va toujours du côté de la balance des nombres.

A présent, nous faisons la balance définitive des capitaux, et nous trouvons que Martin doit à Durand aîné 636 fr. 70 c.

Nous portons ces 636 fr. 70 c. au crédit du compte, parce que c'est le côté le plus faible en capitaux, et par la raison que nous voulons rendre égaux les deux côtés des sommes ; après cela nous tirons les traits d'usage.

Enfin, le solde débiteur, 636 fr. 70 c., est remis au débit de Martin, *valeur 30 juin 1865*.

On procède de même dans tous les comptes à marche rétrograde ; maintenant, pour comprendre les raisons qui nous ont fait faire les calculs qu'on vient de suivre, il convient de lire notre

DÉMONSTRATION THÉORIQUE

Pour l'utilité de la démonstration, nous prenons le compte au point où les nombres sont formés au débit comme au crédit.

Ce compte courant n° 4 ayant commencé le 31 décembre 1864 pour être clôturé au 30 juin 1865, nous remarquons que sa durée est de 181 jours ; il est composé des sommes ou valeurs que Durand et Martin se sont remises avant le 30 juin, et aucune des échéances de ces valeurs n'est postérieure à la date de clôture.

Ceci étant exposé, disons que nous utilisons ici l'exemple même qui a servi sous le n° 1 en progressive, et, comme ici les résultats sont les mêmes par la marche rétrograde, concluons-en que la marche rétrograde est la preuve exacte de la marche progressive.

Maintenant, puisque, dans notre exemple n° 4, toutes les remises et leurs échéances se trouvent comprises entre le 31 décembre 1864 et le 30 juin 1865, nous prétendons que chaque échéance de ce compte le divise en deux parties :

1° En un temps pendant lequel il n'est pas dû d'intérêt ;

Et 2° en un temps pendant lequel des intérêts sont dus.

En sorte que les deux intervalles reforment la durée du compte.

Voyons, par exemple, la deuxième échéance du débit, 1,200 fr. au 15 avril. Ne divise-t-elle pas le compte en deux parties?

En. . . . 105 jours compris entre le 31 décembre 1864 et le 15 avril 1865 (temps pendant lequel Martin ne doit pas d'intérêt),

Et en. . . . 76 jours compris entre le 15 avril et le 30 juin 1865 (temps pendant lequel Martin doit des intérêts, comme on peut le voir par le même exemple en progressive).

Total. . 181 jours (durée du compte courant).

Prenons encore pour exemple la première échéance du crédit, 500 fr. au 15 mars, elle divise aussi le compte courant en deux parties :

En. . . . 74 jours (du 31 décembre au 15 mars) pendant lesquels il n'est pas dû d'intérêt à Martin,

Et en. . . . . 107 jours (du 15 mars au 30 juin 1865), temps pendant lequel Durand doit des intérêts à Martin.

Total. . 181 jours (durée du compte).

Ce dont il faut être bien persuadé en ce moment, c'est qu'il en est de même pour toutes les autres échéances.

Voyons, à présent, de quelle espèce sont les nombres que nous avons obtenus au débit et au crédit.

Nous les avons formés en multipliant les sommes par des jours calculés du 31 décembre 1864 à chaque échéance. Or, ces jours, comme nous l'avons déjà dit, représentant un temps pendant lequel les correspondants ne se doivent point d'intérêt (puisqu'ils n'ont pas encore joui des sommes), il en résulte que les nombres du débit de Martin représentent un intérêt que ce dernier ne doit pas du tout, comme il ne lui est pas dû non plus d'intérêt sur les nombres de son crédit.

C'est pour cette raison que ces nombres sont nommés *faux*, *fictifs* ou *complémentaires*.

Examinons donc en quoi peuvent nous intéresser ces nombres fictifs.

Nous savons, à présent, que le compte a duré 181 jours. Si nous multiplions la deuxième somme du débit, 1,200 fr., par 181 jours, nous trouverons 217200 nombres. Que sont ces nombres? Ce sont des nombres *totaux*, parce qu'ils comprennent à la fois les nombres *fictifs* des 1,200 fr. et les nombres *vrais* sur lesquels l'intérêt est dû. (On sait que cette valeur est pendant 105 jours improductive d'intérêts et qu'elle en produit pendant 76 jours; cela égale bien 181 jours.) Ainsi, nous proposons de soustraire des nombres totaux, 217200, les nombres fictifs que nous connaissons; la différence donnera les nombres vrais :

$1200 \times 181 =$ Nombres totaux. 217200

Nombres fictifs à déduire. 126000

Nombres vrais. 91200

Passons au crédit et procédons sur la première échéance :

$500 \times 181 =$ Nombres totaux 90500

Nombres fictifs à déduire. 37000

Nombres vrais. 53500

On peut se convaincre de la justesse de ces nombres vrais en se reportant à l'exemple n° 1 en progressive.

Toute la difficulté est résolue si nous faisons comprendre le principe que nous énonçons :

Dans un pareil compte, on se procure d'abord les nombres fictifs, ce qui est facile.

Ensuite, la clôture, et, par suite, la durée du compte étant connues, on multiplie chaque somme par cette durée (ici 181); on obtient ainsi pour chaque somme des nombres totaux, qui comprennent à la fois les nombres fictifs et les nombres vrais (attendu que chaque somme ne porte pas intérêt pendant toute la durée du compte).

Puisqu'on a, d'une part, les nombres totaux, et, d'autre part, les nombres fictifs, il est facile de soustraire ces nombres fictifs des nombres totaux, pour obtenir les nombres vrais de chaque somme.

Il ne s'agit donc plus que de trouver un moyen d'abréger; c'est trop long de procéder isolément, c'est à dire sur chaque somme séparément.

Additionnons d'abord toutes les sommes du débit et les multiplions par la durée du compte :

Débit : $4660 \times 181 =$ Nombres totaux (ces nombres comprennent tous les nombres fictifs et tous les nombres vrais du débit) . 843460

A déduire : Total des nombres fictifs obtenus. 481200

Nombres vrais du débit. 362260

Voyons ce que nous trouverons au crédit par des calculs semblables :

L'addition des capitaux donne 4,040 fr.

Crédit : $4040 \times 181 =$ Nombres totaux (ces nombres comprennent les nombres fictifs et les nombres vrais du crédit) 731240

A déduire : Nombres fictifs du crédit 469040

Nombres vrais du crédit. . . . . 262200 ci. . 262200

Balance des nombres vrais 100060

au débit de Martin, ainsi que les intérêts.

On peut s'assurer de l'exactitude de ces nombres vrais du débit et du crédit, ainsi que de la balance, en se reportant à l'exemple de la progressive n° 1. C'est ici l'occasion de dire que tout compte réglé par la progressive et par la rétrograde doit donner la même balance des nombres vrais dans les deux marches, à moins d'erreur.

Mais il y a, pour régler un compte à marche rétrograde, un moyen plus court encore que tous ceux que nous avons indiqués; nous allons l'employer.

Au lieu de multiplier les capitaux du débit et ceux du crédit par le même facteur (181), on peut prendre la différence entre les capitaux (620) et la multiplier par la durée du compte (181); on obtient par là la balance des nombres totaux.

$620 \times 181 =$ Nombres 112220

(On additionne les nombres fictifs et on soustrait le côté le plus faible du côté le plus fort pour avoir la balance.)

Nombres fictifs du débit 481200
Nombres fictifs du crédit. 469040

Balance des nombres fictifs . . . . 12160 ci . . 12160

Et de la soustraction résulte la balance de nombres vrais . . 100060

sur laquelle on prend l'intérêt.

Nécessairement, nos lecteurs devront, pour bien comprendre les calculs que nous venons d'indiquer, les faire eux-mêmes, d'abord sur une somme, puis sur deux; ensuite, ils pourront procéder sur l'ensemble du débit et sur le crédit après; puis, enfin, ils seront conduits à voir que, dans tout compte courant rétrograde, on n'a qu'une seule opération à faire pour obtenir la balance des nombres totaux, opération qui consiste à multiplier la balance des capitaux par la durée du compte. Maintenant, il y aurait une seconde opération très simple à faire, ce serait d'établir la balance des nombres fictifs pour la soustraire de la balance des nombres totaux afin d'avoir la balance des nombres vrais; mais on ne se

MARCHE RÉTROGRADE

DOIT   M. Roux, *de Marseille, son compte courant et d'intérêts à 5 % l'*

1865 Janvier	25	2000	»	M/ remise sur Paris	15	Février 1865	45	900
— Février	20	380	»	Traite acceptée pour son compte	20	Mars —	78	296
— Mars	10	5000	»	M/ facture à deux mois	10	Mai —	129	6450
— Avril	30	100	»	M/ remise sur Lyon	15	Juillet —	195	195
— Mai	31	500	»	M/ d° sur Marseille	31	d° —	211	1055
— Juin	5	1300	»	M/ facture à deux mois	5	Août —	216	2808
d°	10	720	»	Retour de son billet sur Londres	10	Juin —	160	1152
		10000	»					12856
1865 Juin	30	1755	»	**Solde débiteur** à nouveau.	30	Juin 1865		

donne pas cette peine : on se borne à placer la balance des nombres totaux du côté même où va la balance des capitaux (dans notre exemple, c'est au crédit, il n'y a pas à se tromper); cela fait, on balance le compte absolument comme en progressive, et la balance des nombres vrais va du côté le plus faible. Dans notre cas, c'est au débit.

On peut se convaincre que notre dernier moyen de règlement est bien plus simple que le précédent, sur lequel nous économisons la balance des nombres fictifs et une défalcation qui chargeraient le compte de trop de détails. Dans les deux manières de faire, nous trouvons la même balance des nombres vrais, et, d'autre part, cette balance est aussi la même qu'en progressive.

Puisque notre dernier moyen donne une balance juste et qu'il est le plus court, il est le meilleur.

ASPECT DU COMPTE N° 4 RÉGLÉ

Crédit composé : Des nombres fictifs.	469040
Et de la balance des nombres totaux.	112220
Total.	581260
Débit composé des nombres fictifs *à déduire*	481200
Balance des nombres vrais.	100060

Nous le répétons, le système le plus expéditif, le plus avantageux, c'est de placer la balance des nombres totaux où elle doit aller, et de balancer ensuite le compte, comme en progressive.

On ne tire même pas les traits que nous avons marqués d'un astérisque ('), et on ne pose pas au dessous l'addition des capitaux, non plus que celle des nombres fictifs; ce n'est que pour l'utilité de notre démonstration que nous avons procédé ainsi. On n'a qu'à voir l'exemple n° 5 pour avoir l'idée d'un compte rétrograde régulièrement fait.

SANS NOMBRES ROUGES

DURAND, *aîné, de Bordeaux, au 30 juin 1865.* (EXEMPLE N° 5.) **AVOIR**

5 Janvier	1er	4000	»	Solde du compte précédent.	1er	Janvier	1865	épo-que	»
Février	5	800	»	S/ facture à soixante jours	5	Avril	—	94	75200
Mars	31	700	»	S/ remise sur Londres.	20	Mai	—	139	97300
Avril	20	1260	»	S/ d° sur Bordeaux	25	Juillet	—	205	258300
Mai	10	440	»	S/ facture à trois mois.	10	Août	—	221	97240
Juin	25	1000	»	S/ versement à compte.	25	Juin	—	175	175000
				(1800) **Balance des capitaux.** Valeur	30	d°	—	180	324000
		45	»	**Intérêts** sur la balance des nombres.					258600
		1755	»	**Balance des capitaux.**					
		10000	»						1285640

S. E. ou O. — Bordeaux, 30 juin 1865.
DURAND aîné.

N° 14.

Remarques. — Dans un compte à marche rétrograde, plus il est dû de nombres fictifs, moins il est dû de nombres vrais et, par conséquent, d'intérêts.

La valeur dont l'échéance sert d'ouverture au compte ne donne pas de nombres fictifs : en effet, il n'est dû sur cette somme que des nombres et des intérêts vrais, du 31 décembre 1864 au 30 juin 1865, soit pendant toute la durée du compte.

L'échéance au 30 juin ne rapporte que des nombres fictifs; on comprend qu'une valeur tombant le jour de la clôture du compte ne peut produire ni nombres ni intérêts vrais.

Si, pour chaque échéance, on ajoutait les jours de la rétrograde aux jours obtenus en progressive, on reproduirait la durée du compte courant. (Essayer avec nos exemples n°s 1 et 4.)

Si on avait affaire à des échéances postérieures à la clôture du compte, il faudrait soustraire les jours rouges de la progressive des jours de la rétrograde, pour retrouver la durée du compte. (Essayer avec les exemples n°s 3 et 5.)

Maintenant, voici pourquoi, en rétrograde, l'intérêt va toujours du côté de la balance des nombres :

Nous avons vu, en progressive, où les nombres sont vrais, que l'intérêt allait toujours du côté le plus fort en nombres, tandis que la balance des nombres était placée à l'opposé, c'est à dire du côté le plus faible. C'est ce qui arrive pour toutes les balances.

Mais, en rétrograde, c'est le contraire, puisque moins il est dû de nombres fictifs, plus il est dû de nombres vrais et d'intérêts.

C'est ce qui se présente pour le débit de notre compte n° 4, qui donne moins de nombres fictifs que le crédit.

C'est donc ce premier côté qui doit la balance des nombres vrais et les intérêts sur cette même balance.

MARCHE RÉTROGRADE

DOIT   *M. Robert, de Toulouse, son compte courant et d'intérêts, à 4 % l'...*

1865 Juillet	10	1500	»	M/ facture à soixante jours......	10	Septembre 1865	époque	»	
— d°	25	300	»	Payé à Bermond pour son compte...	23	Juillet	—	17	14100
— Août	31	250	»	M/ remise sur Toulouse.........	5	Septembre	—	5	1250
— Septembre	30	1000	»	S/ traite sur moi.............	15	Octobre	—	55	55000
— Octobre	31	1100	»	M/ facture à deux mois........	31	Décembre	—	112	123200
— Novembre	5	500	»	Payé à Chaigneau pour son compte..	5	Novembre	—	56	28000
— Décembre	15	1640	»	M/ remise sur Toulouse.........	25	Décembre	—	106	173840
				Nombres rouges du crédit...					60000
				(4250) **Balance des capitaux**...	31	Décembre	—	112	476000
		4275	30	**Solde créditeur** pour balance.					
		10565	30						896040

MARCHE RÉTROGRADE

AVEC NOMBRES ROUGES

Ce qui donne lieu à des jours et à des nombres rouges dans cette marche, ce sont les échéances antérieures à l'ouverture du compte.

Ainsi, dans ce compte n° 6, la première valeur qu'on y a portée a, par son échéance, donné l'ouverture du compte. C'est le 10 septembre.

Mais on voit que Robert, après cette valeur qu'on lui remet le 10 juillet, en reçoit deux autres : une le 25 juillet et une le 31 août (dates de remise); toutes les deux échoient avant le 10 septembre, époque d'ouverture : la première est au 25 juillet, et la seconde au 5 septembre.

Pour trouver les jours de ces valeurs, il faut calculer le temps compris entre leurs échéances et le 10 septembre; on trouve 47 jours pour l'échéance du 25 juillet et 5 jours pour celle du 5 septembre. Il faut placer dans les colonnes habituelles les jours et les nombres qui en résultent, en rouge.

Ces nombres rouges représentent l'intérêt pendant un temps non compris dans le compte courant et pendant lequel Robert doit des intérêts vrais.

En effet, quand le compte courant s'ouvre, ce correspondant ne doit-il pas déjà :

47 jours d'intérêts sur 300 fr. représentés par 14100 nombres rouges.

Et 5 — sur 250 1250 —

soit sur 550 fr. dont il a joui?

Cela fait — et on peut s'en convaincre en réunissant les nombres rouges du débit — 15350 nombres vrais de plus dont on devrait débiter Robert. Pour cela, les nombres fictifs du débit étant formés, il faudrait en soustraire les 15350 nombres

AVEC NOMBRES ROUGES

DURAND *aîné, de Bordeaux, au 31 décembre 1865.* (EXEMPLE N° 6.) **AVOIR**

Juillet	25	800	»	S/ facture à deux mois.	25	Septembre 1865	15	12000	
.d°	28	600	»	S/ remise sur Bordeaux	1er	Août —	40	24000	
Août	5	1000	»	S/ envoi d'espèces	5	d° —	56	36000	
Septembre	6	5060	»	S/ facture à deux mois.	6	Novembre —	57	171420	
Octobre	20	3010	»	S/ d° d°.	20	Décembre —	101	504010	
Novembre	5	1720	»	S/ remise sur Bordeaux	25	Novembre —	76	130720	
		550	»	S/ d° d°.	10	Décembre —	91	51850	
				Nombres rouges du débit				15350	
		25	30	**Intérêts** à 4 % sur la balance des nombres.				227690	
		10565	30					896040	
		4275	30	**Solde créditeur** à nouveau.	31	Décembre 1865			

en question. Cela exprimerait bien que si Robert doit 15350 nombres fictifs de moins, il doit 15350 nombres vrais de plus; mais, pour éviter cette soustraction, on trouve plus commode, d'abord, de ne pas comprendre les nombres rouges dans l'addition des nombres du débit, et, ensuite, de créditer Robert de ces 15350 nombres; cela équivaut à la soustraction indiquée, car le crédit du compte étant plus fort de 15350 nombres fictifs, il est clair qu'il lui revient autant de nombres vrais de moins. C'est pour la même cause, mais en

MARCHE PROGRESSIVE

(EXEMPLE N° 7.)

DOIT   M. ROBERT, *de Toulouse, son compte courant et d'intérêts à 4*

1865	Juillet	10	1500	»	M/ facture à soixante jours.	10	Septembre	186	112	16
—	do	25	300	»	Payé à Bermond pour son compte. . .	25	Juillet	—	139	4
—	Août	31	250	»	M/ remise sur Toulouse.	5	Septembre	—	117	2
—	Septembre	30	1000	»	S/ traite sur moi	15	Octobre	—	77	7
—	Octobre	31	1100	»	M/ facture à deux mois.	31	Décembre	—	époque	»
—	Novembre	5	500	»	Payé à Chaigneau pour son compte. .	5	Novembre	—	56	2
—	Décembre	15	1640	»	M/ remise sur Toulouse.	25	Décembre	—	6	
					Balance des nombres.					22
			4275	50	**Solde créditeur** pour balance.					
			10565	30						58

MARCHE PROGRESSIVE

AVEC NOMBRES RÉDUITS

Il est temps que nous rappelions à nos lecteurs qu'en général on retranche deux chiffres sur la droite des nombres.

Si nous ne l'avons pas fait jusqu'à présent dans nos exemples, c'est pour la plus grande exactitude de nos calculs et pour que nos démonstrations ne soient pas trop compliquées.

Nous commencerons donc, pour appliquer ce système de suppression de deux chiffres, par le compte n° 7 traité ici en marche progressive, annonçant en même temps notre intention de procéder, autant que possible, de même sur les exemples que nous avons encore à développer par les trois marches.

Quand les deux chiffres négligés iront à 50 ou au dessous, on les supprimera simplement ; mais, quand on aura à laisser de côté des chiffres au dessus de 50, en même temps qu'on les retranchera, il faudra augmenter le nombre conservé d'une unité. Tel est le système de la banque, et cette abréviation est fort usitée. Les comptables les plus circonspects n'ont pas à s'en effrayer, surtout s'ils consens inverse, qu'on est obligé de transporter en noir les nombres rouges du crédit du côté du débit. Cette transposition se fait donc comme en progressive, malgré que les raisons qui la font faire soient différentes.

L'ordre étant rétabli, on balance les nombres noirs de ce compte n° 6 comme on a fait pour clôturer le compte précédent.

Nous donnons à présent deux exemples prouvant l'exactitude de ce compte : ce sont les comptes courants n°s 7 et 8.

AVEC NOMBRES RÉDUITS

(PREUVE DU N° 6.)

, chez DURAND aîné, de Bordeaux, au 31 décembre 1865.   **AVOIR**

5 Juillet	25	800	»	S/ facture à deux mois.........	25	Septembre 186...	97	773
» d°	28	600	»	S/ remise sur Bordeaux........	1er	Août —	152	912
» Août	5	1000	»	S/ envoi d'espèces	5	d° —	148	1480
» Septembre	6	3060	»	S/ facture à deux mois.........	6	Novembre —	55	1683
» Octobre	20	3010	»	S/ d° d°	20	Décembre —	11	331
» Novembre	5	1720	»	S/ remise sur Bordeaux........	25	Novembre —	36	619
		350	»	S/ d° d°	10	Décembre —	21	73
		25	30	**Intérêts** à 4 % sur la balance des nombres.				
		10565	30					5874
		4275	30	**Solde créditeur** à nouveau.	31	Décembre 1865		

N° 16.

sidèrent que la suppression de deux chiffres aux nombres du débit et du crédit ne donne jamais de différence sensible. En effet, il faut, au taux de 6 %, 60 nombres, et au taux de 5 %, 72 nombres, pour produire 1 centime d'intérêt.

Voici comment, dans notre exemple, on a supprimé deux chiffres sur chaque nombre du débit : pour la première échéance, on a trouvé 168000 nombres, on a supprimé deux zéros et conservé 1680.

Pour la troisième échéance, on a trouvé 29250 nombres, on a retranché 50 et conservé 292 ; pour la sixième échéance, qui donne 9840 nombres, on a retranché 40 nombres et conservé 98.

Enfin, les derniers nombres donnant 227690 (quand on balance sans suppression de chiffres), on a ici retranché 90 et augmenté le nombre conservé, 2276, d'une unité, ce qui fait 2277 nombres.

Le crédit a été traité d'après le même système que le débit, et la balance générale étant faite, on a trouvé le même intérêt que dans l'exemple précédent, à un centime près.

Notre compte est créditeur du solde et de l'intérêt ; cela paraît rationnel ; pourtant, il arrive souvent qu'en raison des échéances, le compte est débiteur de l'intérêt, quoique créditeur du solde. C'est ce qu'on remarque dans l'exemple n° 11.

Parmi les échéances du débit, il en est une qui tombe au 31 décembre, époque de clôture : cela n'occasionne ni jours ni nombres.

MARCHE PROGRESSIVE

AVEC INTÉRÊTS CALCULÉS SUR CHAQUE SOMME

Ce compte courant n° 8 est le même que les deux précédents ; il n'y a de différent que la manière de le régler.

Ici on n'a pas écrit les nombres pour en faire la balance comme dans l'exemple n° 7, mais on a divisé à part chaque nombre du débit et du crédit par le diviseur commercial fixe de 4 °⁄₀. Prenons pour exemple la première valeur du débit :

1500 × 112 jours = 168000 Nombres divisés par 9 = 18666 ; ce qui fait 18 fr. 67 c. d'intérêt. (On sait, si on a lu nos démonstrations sur l'intérêt, qu'on divise

MARCHE PROGRESSIVE AVEC INTÉRÊTS

DOIT M. Robert, de *Toulouse, son compte courant et d'intérêts à 4 %, l'a*

1865	Juillet	10	1500	»	M. facture à soixante jours	10	Septembre	1865	112	18	
—	do	25	300	»	Payé à Bermond pour son compte . . .	25	Juillet	—	159	3	
—	Août	31	250	»	M. remise sur Toulouse	5	Septembre	—	117	3	
—	Septembre	30	1000	»	S. traite sur moi	15	Octobre	—	77	8	
—	Octobre	31	1160	»	M. facture à deux mois	31	Décembre	—	époque	»	
—	Novembre	5	500	»	Payé à Chaigneau pour son compte . .	5	Novembre	—	56	3	
—	Décembre	15	1610	»	M. remise sur Toulouse	25	Décembre	—	6	1	
					Balance des intérêts					25	
			4275	50	**Solde créditeur** pour balance.						
			10565	50						65	

MARCHE PAR ÉCHELETTE

OU MÉTHODE HAMBOURGEOISE

Par cette méthode, on peut régler les comptes courants dont les intérêts sont réciproques ou non réciproques, c'est à dire égaux ou inégaux.

On sait que, dans certains comptes, le taux de l'intérêt à prendre sur les sommes est plus ou moins fort au débit qu'au crédit : cela dépend des conventions arrêtées entre les correspondants.

Quand l'intérêt est réciproque, on traite les comptes courants soit par la marche progressive, soit par la marche rétrograde, dans les conditions déjà les nombres par 9 seulement pour abréger l'opération, et que, dans ce cas, il faut séparer trois décimales.) Comme la fraction est 666 et qu'on ne doit conserver que deux chiffres, on augmente le dernier chiffre conservé de 1 cent.; mais si le chiffre rejeté était au dessous de 5, ou même de 5, l'augmentation n'aurait pas lieu.

Quand les intérêts sont calculés au débit et au crédit comme nous venons de le faire pour la première échéance du débit, on fait la balance des intérêts.

Au crédit, on trouve. . . . . F. 65 28

Au débit, on a 39 99

D'où il résulte que Robert est créditeur de. . F. 25 29

solde des intérêts. On place donc cette somme à son crédit.

Maintenant, pour obtenir la balance de clôture, on reporte les 25 fr. 29 c. au débit, côté le plus faible en intérêts. Ceci fait, on balance les capitaux, comme d'usage ; on tire les traits, et le solde est reporté à nouveau.

...ALCULÉS SUR CHAQUE SOMME

...e DURAND aîné, de Bordeaux, au 31 décembre 1865. (EXEMPLE Nº 8.)   **AVOIR**

65 Juillet	25	800	»	S/ facture à deux mois.	25	Septembre 1865	97		8	62
— d°	28	600	»	S/ remise sur Bordeaux	1er	Août	—	152	10	13
— Août	5	1000	»	S/ envoi d'espèces..	5	d°	—	148	16	14
— Septembre	6	5060	»	S/ facture à deux mois	6	Novembre	—	55	18	70
— Octobre	20	5010	»	S/ d° d°.	20	Decembre	—	11	5	68
— Novembre	5	1720	»	S/ remise sur Bordeaux	25	Novembre	—	36	6	88
		350	»	S/ d° d°	10	Decembre	—	21	0	83
		25	30	**Intérêts** à 4 % en sa faveur.						
		10565	50						65	28
		1275	30	**Solde créditeur** à nouveau.	31	Décembre 1865				

Nº 17.

vues ; mais, pour la recherche des intérêts inégaux ou non réciproques, on n'a pas d'autres ressources que celles présentées par la méthode dite *Échelette ;* jusqu'à présent, il n'y a pas d'autre système connu.

Ici, il s'agit de défalquer les valeurs les unes des autres en suivant l'ordre de leurs échéances ; à ce sujet, nous avons déjà donné un exemple dans cet ouvrage, et nous ajoutons que cette *échelette,* marche vraiment facile, a dû être la première méthode employée dans les opérations d'intérêts ; seulement, elle a l'inconvénient d'être bien longue à faire.

Ces sortes de comptes ne peuvent pas être préparés d'avance, comme dans la marche rétrograde, parce qu'il pourrait surgir des échéances antérieures à l'ouverture du compte. C'est seulement quand l'époque d'arrêté-compte est connue,

MARCHE PAR ÉCHELETTE

DOIT   *M. Reynaud, de Marseille, son compte courant et d'intérêts non réciproqu*

à **6 °/₀ au débit.**

1865 Janvier	2	400	»	M/ facture, valeur ce jour.	2	Janvier 1865	1	»
— Février	8	700	»	M/ versement à Charru pour son compte.	8	Février —	3	»
— Mars	15	950	»	M/ facture, valeur ce jour.	15	Mars —	4	»
— Avril	10	365	»	M/ remise sur Marseille	20	Mai —	8	»
— Mai	15	175	»	M/ d° d°.	15	Juin —	10	»
— d°	31	1410	»	M/ facture, valeur ce jour.	31	Mai —	9	»
		18	25	**Intérêts** en ma faveur.				
		4018	25					
		1018	25	**Débiteur** à nouveau . . . . Valeur.	30	Juin 1865		

FEUILLE DE DÉFALCATION

COTÉS DU COMPTE	NUMÉROS D'ORDRE	CAPITAUX OU VALEURS		DÉTAIL DES ARTICLES	DÉBIT		CRÉDIT	
					JOURS	NOMBRES	JOURS	NOMBRES
Débit. . . .	1	400	00	Intérêts du 2 janvier au 1er février. .	30	12000	»	»
Crédit. . . .	2	200	00	Valeur 1er février.				
		200	00	Intérêts du 1er au 8 février.	7	1400	»	»
Débit. . . .	3	700	00	Valeur 8 février.				
		900	00	Intérêts du 8 février au 15 mars. . .	35	31500	»	»
Débit. . . .	4	950	00	Valeur 15 mars.				
		1850	00	Intérêts du 15 au 31 mars	16	29600	»	»
Crédit. . . .	5	850	00	Valeur 31 mars.				
		1000	00	Intérêts du 31 mars au 1er avril. . .	1	1000	»	»
Crédit. . . .	6	1200	00	Valeur 1er avril.				
		200	00	Intérêts du 1er avril au 4 mai.	»	»	33	6600
Crédit. . . .	7	165	00	Valeur 4 mai.				
		365	00	Intérêts du 4 au 20 mai.	»	»	16	5840
Débit. . . .	8	365	00	Valeur 20 mai.				
		000	00	» »	»	»	»	»
Débit. . . .	9	1410	00	Valeur 31 mai.				
		1410	00	Intérêts du 31 mai au 15 juin.	15	21150	»	»
Débit. . . .	10	175	00	Valeur 15 juin.				
		1585	00	Intérêts du 15 au 30 juin.	15	23775	»	»
Crédit. . . .	11	585	00	Valeur 30 juin.				
		1000	00	Intérêts du 30 juin au 30 juin	»	»	»	»
				Nombres.	»	120425	»	12440

ANS NOMBRES ROUGES

MARTIN, *de Bordeaux, arrêté le 30 juin 1865.* (EXEMPLE N° 9.)   **AVOIR**

à 4 ¹/₂ °/₀ au débit.

Janvier	10	200	»	S/ billet sur Lyon..............	1ᵉʳ	Février 1865	2	»
Février	7	850	»	S/ billet sur Paris..............	31	Mars —	5	»
Mars	1	1200	»	S/ facture.............. Valeur.	1ᵉʳ	Avril —	6	»
Mai	4	165	»	S/ versement..............	4	Mai —	7	»
Juin	20	585	»	M/ traite sur lui..............	30	Juin —	11	»
		1018	25	**Solde débiteur** pour balance.				
		4018	25					

SUITE DE LA DÉFALCATION

Nombres du débit :   120425 (1) :   6083   (diviseur fixe de 6 °/₀, année civile)   = F.   19,80
Nombres du crédit :   12440   :   8111   (diviseur fixe de 4 ¹/₂ °/₀,   —   )   = 1,55

                        Intérêts au débit de Reynaud :   F.   18,25

Différences que produirait dans ce compte l'emploi des diviseurs commerciaux au lieu des diviseurs civils :

DIVISEURS DU COMMERCE

Débit : Nombres : 120425 : 6000 à 6 °/₀   =   F.   20,07
Crédit : Nombres : 12440 : 8000 à 4 ¹/₂ °/₀   =   1,55

         Première balance d'**intérêts :**   F.   18,52

DIVISEURS CIVILS

Débit :   Nombres :   120425 :   6083 à 6 °/₀   =   F.   19,79
Crédit :   Nombres :   12440 :   6111 à 4 ¹/₂ °/₀   =   1,55

     Deuxième balance d'**intérêts** à soustraire :   F.   18,26   ci : F.   18,26

Différence occasionnée par l'emploi des diviseurs commerciaux au préjudice de Reynaud, qui redoit le solde :   F.   0,26

Si on veut employer les diviseurs en usage dans le commerce, il faut alors calculer les jours d'après la table de l'année commerciale.

(1) On retiendra bien que le signe **:** entre deux chiffres veut dire *divisé par.*

qu'on peut terminer les calculs du compte préalablement disposé sur une feuille destinée au correspondant.

En examinant le compte tel qu'il est sur cette première feuille, on voit de suite qu'au débit comme au crédit les dates de remises sont placées dans leur ordre de succession ; mais il faut remarquer que les échéances des valeurs ne se suivent pas aussi exactement ; nous conseillerons donc à nos lecteurs un redressement à cette disposition, que l'on rencontre toujours de même. Il faut parcourir simultanément les échéances du débit et celles du crédit : on donnera le n° 1 à la plus ancienne, à celle qui ouvre le compte ; le n° 2 sera donné à la seconde échéance, le n° 3 à celle qui vient immédiatement après, et ainsi de suite. A notre avis, ce moyen paraît de nature à faire disparaître toute hésitation, toute incertitude dans le classement.

Cela étant fait, il faut prendre une feuille tracée pour la défalcation ; celle-là ne s'envoie ordinairement pas au correspondant. (Voir le modèle au bas de l'exemple n° 9.)

En tête de cette feuille, on place la valeur qui porte la première échéance : on écrit donc 400 fr. dans la colonne des capitaux, et, comme cette somme vient du débit, on a écrit ce mot *débit* dans la première colonne, et, dans la seconde, placé le numéro d'ordre 1.

Supposons, pour un instant, que le compte ne se compose que de cette somme de 400 fr. : nous remarquerons alors que cette valeur du débit portera intérêt à 6 % du 2 janvier, son échéance, jusqu'au 30 juin, date d'arrêté-compte.

Mais, dans notre exemple n° 9, il en est autrement, puisqu'il y a d'autres échéances : en sorte que Reynaud doit, sur 400 fr., des intérêts du 2 janvier au 1er février, époque à laquelle le compte change d'aspect : aussi débitons-nous Reynaud de 30 jours d'intérêt, représentés par 12000 nombres.

En effet, nous reconnaissons, par l'échéance n° 2, placée au crédit, que M. Reynaud remet 200 fr. à compte, valeur 1er février ; il faut donc défalquer cette somme des 400 fr. : pour cela, on place les 200 fr. sous les 400 fr. ; sur la seconde ligne, on a écrit *crédit* et n° 2, parce que cette somme de 200 fr. est la deuxième échéance et que nous l'avons prise au crédit ; devant ces 200 fr. nous avons écrit : *Valeur 1er février*. La soustraction donne 200 fr., solde dû au 1er février par M. Reynaud ; ce dernier doit donc des intérêts sur cette somme jusqu'à ce qu'une autre valeur, donnée ou reçue, vienne altérer ce solde.

Suivons bien le compte : le solde débiteur (200 fr.) au 1er février va porter intérêt jusqu'à la troisième échéance qui vient du débit, valeur 8 février : c'est 700 fr.

Reynaud, devant les 200 fr. du 1er au 8 février, doit 7 jours d'intérêt sur cette somme ; il est encore facile de faire les nombres, qu'on place, ainsi que les jours, dans des colonnes spéciales, au débit.

Ensuite, on rapporte la troisième échéance, 700 fr., valeur 8 février, sous le solde débiteur. Ces deux sommes concernant le débit, on les additionne, et le total (900 fr.) porte intérêt à partir du 8 février jusqu'à la quatrième échéance, qui est à additionner, parce qu'elle provient encore du débit.

Les autres valeurs arriveront dans l'ordre de succession qu'on leur a donné par les numéros, et leurs sommes seront défalquées des soldes ou additionnées, suivant qu'elles appartiendront à l'un ou à l'autre côté du compte. Quand le solde est créditeur, les jours et les nombres vont du côté du crédit, dans les colonnes préparées pour les recevoir. Avec un peu d'attention, on ne se trompera pas.

Quand on arrive à la dernière échéance, il faut indiquer que le solde porte valeur jusqu'à l'arrêté-compte. Ce solde, dernier résultat de la défalcation, doit être égal à la balance des capitaux du compte courant. Dans notre cas, c'est 1,000 fr., et l'échéance tombant juste le 30 juin, il n'y a eu à son égard ni jours ni nombres; mais si l'échéance de ce solde eût été le 25 juin, on aurait écrit devant le solde : *Intérêt du 25 juin au 30 juin : 5 jours.*

Enfin, quand les nombres sont formés au débit comme au crédit, on les additionne séparément, et on divise les totaux par leur diviseur respectif; on comprend très bien qu'on ne saurait penser à balancer les nombres, les diviseurs fixes n'étant pas les mêmes.

Dans l'exemple que nous donnons, on opère la division sur les nombres 120425, au débit, par 6083, diviseur fixe de 6 % (année civile) : on obtient pour intérêt 19 fr. 80 c. Procédant de même au crédit sur les nombres 12440, avec le diviseur fixe de 4 1/2 %, 8111 (année civile), on trouve pour intérêt 1 fr. 55 c. à soustraire de 19 fr. 80 c., et le reste, 18 fr. 25 c., est à porter au débit de Reynaud sur la première feuille; puis, on balance les capitaux, et, dans notre cas, on trouve qu'au 30 juin 1865, M. Reynaud doit à Martin, pour solde, 1,018 fr. 25 c. Le compte alors se clôture d'après les moyens ordinaires.

Puisque l'on compte les mois pour leur véritable nombre de jours dans cette marche, on doit, comme nous l'avons fait, employer les diviseurs fixes de l'année civile; l'emploi des diviseurs en usage dans le commerce procure une différence; il est vrai que, dans cet exemple, elle est peu sensible; on l'appréciera, du reste, en voyant nos propres calculs au bas de l'exemple n° 9. Cependant, nous devons encore le dire à nos lecteurs, ici, comme dans toutes les autres marches, on calcule habituellement les jours tels que les indique le calendrier, et on se sert des diviseurs du commerce. Malgré que ce système soit blâmable, on l'utilise presque généralement.

Remarque. — A propos de la première échéance du débit, comme à propos de toute autre échéance prise isolément de ce côté-là, il peut se présenter cinq cas:

1° Cette échéance peut être la seule du compte, et alors elle rapporte intérêt jusqu'à l'époque de clôture.

2° Si elle n'est pas la seule, elle porte valeur jusqu'à l'échéance qui vient immédiatement après elle, soit au débit, soit au crédit. Si la valeur suivante est au débit, elle change la somme de la première échéance en l'augmentant. Mais, puisqu'il y a changement, il faut déterminer l'intérêt de la première échéance.

3° Si cette seconde échéance est au crédit et qu'elle soit égale comme somme à la première échéance, elle balance le compte, et les intérêts doivent s'arrêter là; il faut donc les régler.

4° Si cette seconde échéance est au crédit et qu'elle soit inférieure à la somme de la première échéance, il y a une défalcation à faire, et, le solde changeant, diminuant, le chiffre de l'intérêt doit encore être déterminé en ce moment-là, parce qu'ensuite il va être compté sur un solde plus faible.

5° Enfin, si on suppose cette seconde échéance au crédit et que sa somme soit supérieure au montant de la première valeur, il faut bien soustraire la première valeur de la seconde pour déterminer le solde créditeur, et, là, on est obligé de calculer l'intérêt à 6 % dû sur la première échéance jusqu'à la seconde, et d'exprimer ensuite que, désormais, l'intérêt courra à 4 1/2 % sur le solde créditeur.

Ce que nous disons sur le débit de ce compte peut s'entendre, en inversant, pour le côté du crédit.

OBSERVATIONS ESSENTIELLES SUR LA MARCHE PAR ÉCHELETTE

Quelques personnes seraient peut-être tentées de croire que, quand, dans de pareils comptes, l'époque de clôture est connue, on pourrait calculer les jours compris entre chaque échéance et cette clôture, pour obtenir des nombres sur la balance desquels on pourrait ensuite prendre l'intérêt.

Nous dirons d'abord qu'il est inutile de faire une balance des nombres, parce que les intérêts sont inégaux dans cette marche, et que les diviseurs sont différents.

On pourrait encore croire, en raison de notre explication, qu'il est rationnel, après avoir formé les nombres à la manière de la progressive, de prendre, par exemple, l'intérêt à 6 % sur le débit, et l'intérêt à 4 % sur les nombres du crédit, pour trouver ensuite la balance de l'intérêt. Eh bien! nous l'assurons, ce dernier moyen donnerait un résultat complètement faux.

Nous allons le prouver par deux exemples :

Premier exemple : Nous sommes en relation d'affaires avec Vincent; son débit, chez nous, rapportera 6 % d'intérêt; son crédit, 4 %.

Nous lui remettons, le 1er janvier 1865, 15,000 fr., valeur ce jour, et lui-même, le lendemain, 2 janvier, nous remet 15,000 fr. en espèces. Ce compte continue; il comprendra d'autres valeurs par la suite, et ne sera, conformément à l'usage et aux conventions établies entre nous, réglé qu'au 30 juin suivant. Qu'arriverait-il si nous réglions ce compte en prenant, comme par la méthode progressive, l'intérêt à 6 % sur le débit, et à 4 % sur le crédit?

M. Vincent nous paierait ainsi l'intérêt à 6 % sur 15,000 fr. pendant
6 mois, soit . . . . F. 452 50

Nous lui tiendrions compte, pendant 6 mois moins 1 jour, de l'intérêt à 4 % sur 15,000 fr., soit . . . . 300 »

Cela ferait, en notre faveur, une différence d'intérêt de. . . . . . F. 152 50

Pour un seul jour, ce serait un peu cher! Aussi, nous n'insisterons pas beaucoup pour persuader à nos lecteurs que M. Vincent ne doit que l'intérêt de 15,000 fr. du 1er au 2 janvier, soit, pour 1 jour, 2 fr. 50 c.

Deuxième exemple : (Mêmes conditions d'intérêts.)

Supposons que Pierre remette à Paul une valeur à échéance du 1er mars 1865, 800 fr., par exemple, et que Paul en rende le montant à son créancier le 31 mars suivant. Selon notre raisonnement, Paul aura dû à Pierre 800 fr. pendant 30 jours, et, pendant ce temps seulement, des intérêts à 6 %, puisqu'il s'agit du débit.

Prétendra-t-on que les parties, qui ne se doivent plus rien en capital au 31 mars, continueront, néanmoins, à se devoir des intérêts passé cette époque jusqu'au 30 juin, qui est celle de règlement? Ce serait absurde! Quoi! Pierre réclamera à Paul l'intérêt à 6 % sur 800 fr. jusqu'au 30 juin, et Paul, de son côté, demandera à Pierre l'intérêt à 4 % sur les 800 fr. restitués le 31 mars, jusqu'au 30 juin. Autrement dit, Paul, qui ne jouit plus de la somme depuis le 31 mars, ne cessera d'en devoir l'intérêt à 2 %[1] depuis cette date jusqu'à ce qu'on arrête le compte? Alors Paul doit se féliciter de ce que ce compte s'arrête aussitôt, c'est à dire au 30 juin. De quel chiffre d'intérêt aurait-il été redevable, si, au lieu de clôturer le compte au 30 juin, Pierre avait trouvé bon de ne le produire qu'au 31 décembre suivant, ou un an plus tard encore? Enfin, si on admet que Pierre ne donne son compte qu'au bout de deux ans à Paul, on remarquera bien que ce dernier, cependant, ne doit plus, à partir du 31 mars 1865, ni somme ni intérêt. On ne fera donc jamais comprendre qu'au 31 mars 1867, ce correspondant devra — non plus la somme qu'il a rendue — mais l'intérêt à 6 % sur cette somme : ce qui ferait 96 fr.; et que Pierre, de son côté, aura à déduire de ces 96 fr., 64 fr. d'intérêt à 4 % sur les 800 fr. : cela ne ferait ni plus ni moins que 32 fr. dont Paul ferait cadeau à Pierre, ce qui serait injuste.

Que l'on comprenne bien, une fois pour toutes, que l'on n'a à prendre l'intérêt que sur le résultat de la défalcation, ou, soit dit autrement, il n'y a que le solde débiteur ou créditeur qui soit productif d'intérêt.

[1] Entre 4 % et 6 %, il y a bien 2 % de différence.

Dans notre feuille de défalcation, on voit qu'en un endroit les parties paraissent ne rien se devoir, le compte se balançant ; il n'en faut pas moins poursuivre ce compte, car il y a des intérêts antérieurs dus sur ces sommes, et on continue aussi les remises des valeurs. D'autre part, c'est dans l'arrangement des échéances que cette balance s'est trouvée ; si on avait suivi l'ordre des dates de remise, le compte n'aurait probablement pas balancé ; du reste, quelle que soit la raison qui fait, en certaine part, balancer le compte, il faut, dans tous les cas, le continuer pour ne s'arrêter qu'à la clôture.

MARCHE PAR ÉCHELETTE

AVEC NOMBRES ROUGES

Dans cette marche, comme dans la progressive, les nombres rouges sont formés par les échéances postérieures à la date de clôture du compte.

MARCHE PAR ÉCHELETTE

DOIT M. Dumont *son compte courant et d'intérêts non réciproque*
à 6 %.

1865 Janvier	1er	100	»	Espèces. . . . . .Valeur.	1er	Janvier 1865	1	»
— Mai	31	300	»	Billet sur Paris. 31		Juillet —	3	»
		400	»					
1865 Juin	30	99	40	**Solde débiteur**. . . . . . . .Valeur.	30	Juin 1865		

Il est même à remarquer que, dans ces deux marches, les nombres rouges sont les mêmes, parce que les calculs, quoique faits d'une manière différente, aboutissent à des nombres vrais.

On a vu ce qu'étaient les nombres rouges dans les autres marches et comment on en faisait le règlement. Eh bien! dans la marche qui nous occupe, dans l'échelette, il n'y a pas d'autre difficulté que la transposition des nombres.

Nous donnons ici un exemple bien simple : Martin produit à Dumont, son débiteur, le compte courant de leurs relations d'affaires pendant six mois. Ce compte est arrêté au 30 juin 1865, époque à laquelle il faut être arrivé pour pouvoir terminer les calculs.

Les sommes du débit rapportent 6 % d'intérêt; au crédit, c'est à 4 %.

On est obligé de comprendre dans un pareil compte toutes les valeurs que les parties se sont données avant le 30 juin; mais, comme il arrive presque toujours, il y a de ces valeurs dont l'échéance est postérieure à l'arrêté-compte. Dans notre exemple n° 10, composé de quatre valeurs seulement, les échéances n°˙ 3 et 4 sont destinées à produire des nombres rouges.

VEC NOMBRES ROUGES

MARTIN, *de Bordeaux, arrêté le 30 juin 1865.* (EXEMPLE N° 10.) **AVOIR**
à 4 %.

Janvier	1er	200	»	S/ facture.............. Valeur	1er	Mars 1865	2	»	
Mai	15	100	»	S/ facture à trois mois..........	15	Août —	4	»	
		»	60	**Intérêts** en sa faveur.					
		99	40	**Solde débiteur.**					
		400	»						

				DÉFALCATION	DÉBIT		CRÉDIT		
					JOURS	NOMBRES	JOURS	NOMBRES	
.....	1	100	»	Du 1er janvier au 1er mars.........	59	5900			
.....	2	200	»	Valeur 1er mars.					
.....		100	»	Du 1er mars au 30 juin			121	12100	
.....	3	300	»	Du 30 juin au 31 juillet..........	31	9300	31	9300	
.....		200	»	Solde débiteur.					
t.....	4	100	»	Du 30 juin au 15 août..........	46	4600	46	4600	
.....		100	»	**Solde débiteur,** valeur 30 juin.					
		2	35	**Intérêts** à 4 % sur 21400 nombres.		10500		21400	
		1	75	**Intérêts** à 6 % sur 10500 nombres.					
		»	60	**Intérêts** au crédit de Dumont (d'après les diviseurs du commerce).					

N° 19.

Après avoir numéroté les échéances des valeurs, il faut en opérer la défalcation par ordre, d'un bout à l'autre du compte, sur une feuille à part.

Pour les valeurs à échéances antérieures au 30 juin, il faut procéder comme dans la marche précédente et dire dans notre cas :

Échéance n° 1. — Débit. . F. 100, intérêts du 1er janvier jusqu'au 1er mars, 59 jours et 5900 nombres à porter au débit.

Échéance n° 2. — Crédit. . . . 200, valeur du 1er mars. Puisque cette somme du crédit est plus forte que celle du débit, il faut en défalquer cette dernière.

Il reste. . . . F. 100, solde créditeur portant intérêt du 1er mars jusqu'au 30 juin, puisqu'il n'y a, ni d'un côté ni de l'autre, aucune valeur à défalquer avant cette époque de clôture du compte. Cela fait 121 jours et 12100 nombres appartenant au crédit ; on les place de ce côté.

Il faut ensuite calculer les jours entre le 30 juin et chaque échéance postérieure, *du 30 juin au 31 juillet, du 30 juin au 15 août,* par exemple, et porter les jours, ainsi que les nombres en rouge, à leur côté respectif.

On voit que, passé l'*époque,* ce ne sont plus les soldes qui portent valeur, mais bien les valeurs elles-mêmes qui produisent des intérêts à déduire, car on tend à ramener tous les soldes à porter valeur au 30 juin.

Ces jours rouges représentent donc un temps pendant lequel les parties ne se doivent pas encore des intérêts, parce qu'on règle au 30 juin.

En sorte qu'à la condition de régler au 30 juin, ou de faire porter au solde du compte valeur à partir de cette date, ce qui est absolument la même chose, il faut passer les nombres rouges qui figurent au débit de Dumont au crédit de ce dernier, et placer ceux de son crédit du côté du débit de son compte, et, quand on fera le total des nombres, il faudra ne pas comprendre les nombres rouges dans l'addition. La raison de cette transposition est facile à saisir. En réglant au 30 juin, Dumont se trouve de tenir compte à Martin de 300 fr., 31 jours avant d'en avoir joui lui-même ; car, en effet, l'échéance de ces 300 fr. étant au 31 juillet, ce n'est qu'à partir de cette date que M. Dumont en devrait l'intérêt. Mais il tient compte de cette somme capitale le 30 juin (ou, s'il ne se libère pas à partir de cette époque, il doit lui-même des intérêts, ce qui revient à la même chose, comme nous l'avons déjà dit) ; donc il est assez juste que Martin, au lieu de débiter Dumont de 9300 nombres rouges, le crédite de ces mêmes nombres.

D'autre part, puisqu'on règle au 30 juin, Dumont se trouve crédité de 4600 nombres injustement, en cela que, bien que ce correspondant ait remis à Martin les 100 fr. (quatrième échéance) le 15 mai, ce dernier n'en a pas moins 46 jours à attendre pour en jouir, et, comme il se trouve d'en tenir compte à Dumont dans le règlement du 30 juin, il faut en conclure que c'est Dumont qui redoit des intérêts à Martin sur 4600 nombres, pour avoir été remboursé par avance de sa somme.

La transposition des nombres étant opérée, le compte se balance et se clôture, comme d'usage, sur la première feuille.

Voici un autre exemple :

Ce compte n° 11 se compose de seize valeurs. Le solde en est créditeur, et l'intérêt placé au débit, parce qu'il paraît que M. Martin a joui des valeurs de Dumont pendant un temps moins long que celui pendant lequel Dumont jouissait des valeurs de Martin.

Nos lecteurs feront bien de remarquer cette disposition du compte; ils se rappelleront, sans doute, que nous avons déjà appelé leur attention sur la position du solde et de l'intérêt dans les comptes courants en général. Nous avons cité quatre cas, nous en avons déjà présenté trois.

Ce compte n° 11, que nous réglons, contient le dernier exemple.

Quand, dans le numérotage des échéances d'un compte courant, on trouve deux ou trois valeurs à la même date, on leur donne le même numéro, et, suivant l'usage que l'on fait de ces valeurs pour la défalcation, on applique au dessus du numéro d'ordre le signe *bis* pour la seconde échéance, *ter* pour la troisième, etc.

Ici, il y a deux échéances au 15 avril : l'une est au débit, l'autre, au crédit; on leur a, à toutes deux, donné le numéro d'ordre 4, et, en défalquant la troisième échéance (la valeur n° 3), on a remarqué que le solde était débiteur; alors, pour additionner au lieu de soustraire, on a utilisé, en premier lieu, la valeur n° 4, 670 fr., appartenant au débit; l'expression *bis* revient donc à l'échéance du crédit.

Il faut bien observer que, jusqu'à l'arrêté-compte, ce sont les soldes débiteurs ou créditeurs qui sont productifs d'intérêt; passé ce terme, on calcule les jours compris entre le 30 juin et chaque échéance postérieure, et on transpose ensuite les nombres rouges, et l'ordre est ainsi rétabli. Avec les diviseurs fixes en usage, on prend ensuite très facilement l'intérêt sur les nombres.

Les nombres des sommes comprenant des centimes n'embarrasseront pas nos lecteurs, s'ils veulent bien se reporter aux calculs d'intérêts que nous avons définis; la manière de prendre l'intérêt à des taux fractionnaires et les raisons qui font séparer plus ou moins de décimales sont également démontrées au commencement de cet ouvrage. (Voir la *Table des matières*.)

MARCHE PAR ÉCHELETTE

DOIT   M. Dumont, de Bayonne, son compte courant et d'intérêts non réciproq...

à 6 %

1865							
Janvier	15	670	»	M/ facture à trois mois...........	15	Avril 1865	4	»
— Février	1er	915	25	M/ do do.............	1er	Mai —	8	»
— do	20	485	»	M/ billet à son ordre...........	31	Mars —	3	»
— Mars	10	200	»	M/ remise d'espèces............	10	do —	2	»
— Avril	26	1018	75	S/ billet sur Dax retourné......	26	Avril —	6	»
— Mai	18	728	»	M/ facture à trois mois...........	18	Août —	13	»
— Juin	5	500	»	M/ do do.............	5	Septembre —	15	»
— do	20	160	»	M/ traite sur Bayonne à présentation ...	20	Juin —	10	»
		15	30	**Intérêts** en ma faveur.			
		389	95	**Solde créditeur** pour balance.			
		5080	25				

				DÉFALCATION	DÉBIT		CRÉDIT	
					JOURS	NOMBRES	JOURS	NOMB...
Crédit.....	1	300	»	Intérêts du 1er au 10 mars........	»	»	9	270
Débit.....	2	200	»	Valeur 10 mars.				
		100	»	Intérêts du 10 au 31 mars........	»	»	21	210
Débit.....	3	485	»	Valeur 31 mars.				
		585	»	Intérêts du 31 mars au 15 avril.....	15	5775	»	»
Débit.....	4	670	»	Valeur 15 avril.				
		1055	»	Intérêts du 15 avril au 15 avril.....	»	»	»	»
Crédit.....	4 bis	770	25	Valeur 15 avril.				
		284	75	Intérêts du 15 avril au 20 avril.....	5	1425	»	»
Crédit.....	5	1000	»	Valeur 20 avril.				
		715	25	Intérêts du 20 au 26 avril........	»	»	6	42...
Débit.....	6	1018	75	Valeur 26 avril.				
		303	50	Intérêts du 26 au 30 avril........	4	1216	»	»
Crédit.....	7	500	»	Valeur 30 avril.				
		196	50	Intérêts du 30 avril au 1er mai......	»	»	1	19...
Débit.....	8	915	25	Valeur 1er mai.				
		718	75	Intérêts du 1er mai au 5 mai.......	4	2876	»	»
Crédit.....	9	400	»	Valeur 5 mai.				
		318	75	Intérêts du 5 mai au 20 juin.......	46	14674	»	»
Débit.....	10	160	»	Valeur 20 juin.				
		478	75	Intérêts du 20 juin au 30 juin.......	10	4790	»	»
Crédit.....	11	130	»	Intérêts du 30 juin au 5 juillet			5	75...
A reporter.		328	75	Solde débiteur		30756		92...

AVEC NOMBRES ROUGES

MARTIN, *de Bordeaux, arrêté le 30 juin 1865.* (EXEMPLE Nº 11.)   **AVOIR**

à 4 %.

865 Janvier	1er	300	»	S/ facture à soixante jours.	1er	Mars 1865	1	5	»
— Février	10	1000	»	S/ remise sur Dax.	20	Avril —	5		»
— dº	15	770	25	S/ facture à soixante jours.	15	dº —	4 bis		»
— Mars	5	400	»	S/ dº dº.	5	Mai —	9		»
— Avril	30	500	»	S/ versement.	30	Avril —	7		»
— Mai	20	150	»	S/ valeur sur Libourne.	5	Juillet —	11		»
— Juin	15	800	»	S/ facture à soixante jours.	15	Août —	12		»
— dº	25	1160	»	M/ traite sur lui	25	dº —	14		»
		5080	25						
		389	95	**Solde créditeur** à nouveau . . Valeur.	30	Juin 1865			

					DÉBIT		CRÉDIT	
				SUITE DE LA DÉFALCATION	JOURS	NOMBRES	JOURS	NOMBRES
Report.		238	75	*Report. . . . . . .*		30736		9287
dit.	12	800	»	Intérêts du 30 juin au 15 août.	»		46	36800
		471	25	Solde créditeur.				
hit	13	728	»	Intérêts du 30 juin au 18 août.	49	35672		»
		256	75	Solde débiteur.				
dit.	14	1160	»	Intérêts du 30 juin au 25 août.	0		56	64960
		903	25	Solde créditeur.				
bit	15	500	»	Intérêts du 30 juin au 5 septembre	67	33500		»
		403	25	**Solde créditeur.**				
				Nombres rouges du crédit.		102510		»
				Nombres rouges du débit.		»		69172
				Nombres.		133266		78459
				DIVISEURS COMMERCIAUX				
dit		133266		Nombres divisés par 6 pour 6 % (séparer trois décimales). . . . . =		22	21	
dit.		78459		Nombres divisés par 9 pour 4 % (—). =		8	71	
				= **Intérêts** au débit de Dumont		13	50	13,50
				DIVISEURS CIVILS				
dit		133266		Nombres divisés par 6083 à 6 % . . . . . . =		21	90	
dit.		78459		Nombres divisés par 9125 à 4 % . . . . . . =		8	60	
				= **Intérêts** au débit de Dumont		13	30	13,30
				Il existe ici entre ces deux systèmes une différence de. . . .				0,20

On aura à choisir entre la méthode civile, si équitable, et celle usitée dans le commerce.

20.

COMPARAISON DES

MARCHE PROGRESSIVE

(EXEMPLE

DOIT   M. VERNET *son compte courant et d'intérêts réciproques à* 6 %/₀ *l'an, cl*

1865 Juillet	1er	5000	»	Solde du compte précédent........	1er	Juillet	1865	183	915
— Août	10	8000	»	Espèces....................	10	Août	—	143	1144
— d°	20	10000	»	S/ remise sur Paris...........	15	Septembre	—	107	1070
— Septembre	1er	2000	»	S/ facture indigo à soixante jours...	1er	Novembre	—	60	120
— Octobre	10	5000	»	Espèces....................	10	Octobre	—	82	410
		458	50	**Intérêts** sur la balance des nombres					
		30458	50						3659
1865 Décembre	31	10458	50	A nouveau **solde débiteur**......	31	Décembre 1865			

SYSTÈME ACTUEL

(EXEMPLE N° 12 A EXAMINER)

Dans ce compte, les jours sont formés d'après l'année civile; les mois sont composés ainsi que le calendrier l'indique; on pourrait donc s'attendre à ce que la balance des nombres (27510) fût divisée par le diviseur civil de 6 %/₀ (6083); il n'en est rien; le commerce, pour aller plus vite, se sert du diviseur commer-

MARCHE PROGRESSIVE

(EXEMPLE

DOIT   M. VERNET *son compte courant et d'intérêts réciproques à* 6 %/₀ *l'an, cl*

1865 Juillet	1er	5000	»	Solde du compte précédent	1er	Juillet	1865	179	895
— Août	10	8000	»	Espèces....................	10	Août	—	140	1120
— d°	20	10000	»	S/ remise sur Paris...........	15	Septembre	—	105	1050
— Septembre	1er	2000	»	S/ facture indigo à soixante jours ...	1er	Novembre	—	59	118
— Octobre	10	5000	»	Espèces....................	10	Octobre	—	80	400
		450	85	**Intérêts** sur la balance des nombres					
		30450	85						3583
1865 Décembre	31	10450	85	A nouveau **solde débiteur**......	31	Décembre 1865			

SYSTÈME RATIONNEL ÉQUITABLE

(VOIR L'EXEMPLE N° 13)

Si le commerce se décidait à comprendre que, quand on emploie les jours de l'année civile, il faut, pour être conséquent et juste, utiliser les diviseurs civils,

IVERS SYSTÈMES

ES OPÉRATIONS EN SE SERVANT DU MÊME COMPTE

'APRÈS LE SYSTÈME ACTUEL

12.)

N, *de Bordeaux* (**nombres réduits**), *arrêté au 31 décembre 1865.*   **AVOIR**

Août	8	10000	»	S/ remises, échéance commune.....	20	Octobre 1865	72	7200
Septembre	15	8000	»	S/ billet à mon ordre	15	Décembre —	16	1280
Décembre	1er	2000	»	S/ versement espèces..........	1er	d° —	30	600
				Balance des nombres.......				27510
		10458	50	**Solde débiteur.**				
		50478	50					36590

N° 21.

cial 6000 (ou 6, à la condition de séparer trois décimales), et l'intérêt au débit
de Vernet est de. . . . . F. 458 50

Si l'on eût divisé la balance des nombres par 6083, diviseur civil,
convenant aux nombres, l'intérêt eût été de 452 24

Vernet éprouve donc, par le système actuel, un préjudice de. . F.   6 26

YSTÈME RATIONNEL ÉQUITABLE

3.)

N, *de Bordeaux* (**nombres réduits**), *arrêté au 31 décembre 1865.*   **AVOIR**

Août	8	10000	»	S/ remises, échéance commune.....	20	Octobre 1865	70	7000
Septembre	15	8000	»	S/ billet à mon ordre..........	15	Décembre —	15	1200
Décembre	1er	2000	»	S/ versement	1er	d° —	29	580
				Balance des nombres.......				27050
		10450	85	**Solde débiteur.**				
		50450	85					35850

N° 22.

il ne manquerait pas, puisqu'il tient avec raison à se servir des diviseurs commerciaux, si faciles, d'employer des jours trouvés au moyen de la table commerciale, où l'année est de 360 jours, et où tous les mois sont indistinctement pris
pour 30 jours.

Voici ce que l'on trouverait si on se servait, pour régler l'exemple même que nous traitons ci-dessus (le n° 12), de ce mode de faire, le seul, à notre avis, qui soit rationnel :

Nombres, balance : 27050 divisés par 6 = Intérêt. . . . F. 450 83

Mais on a trouvé par le système actuel : Intérêt 458 50

Son emploi ferait donc perdre injustement à Vernet. F. 7 67

Les exemples n°s 14 et 15, traités par la marche rétrograde, sont la preuve exacte des comptes n°s 12 et 13.

Observations. — Nous pouvons dire que les moyens de règlement civils et

MARCHE RÉTROGRADE : PREUVE
(EXEMPL

DOIT   M, VERNET *son compte courant et d'intérêts réciproques à 6 °/₀ l'an,*

1865 Juillet	1er	5000	»	Solde du compte précédent	1er	Juillet	1865	époque	
— Août	10	8000	»	Espèces.	10	Août	—	40	3
— d°	20	10000	»	S/ remise sur Paris	15	Septembre	—	76	7
— Septembre	1er	2000	»	S/ facture indigo à soixante jours . . .	1er	Novembre	—	123	2
— Octobre	10	5000	»	Espèces.	10	Octobre	—	101	5
		458	50	**Intérêts** sur la balance des nombres				27	
		50458	50					45	
1865 Décembre	31	10458	50	A nouveau **solde débiteur.** Valeur.	31	Décembre 1865			

MARCHE RÉTROGRADE : PREUVE
(EXEMPL

DOIT   M. VERNET *son compte courant et d'intérêts réciproques à 6 °/₀ l'an,*

1865 Juillet	1er	5000	»	Solde du compte précédent	1er	Juillet	1865	époque	
— Août	10	8000	»	Espèces.	10	Août	—	39	3
— d°	20	10000	»	S/ remise sur Paris.	15	Septembre	—	74	7
— Septembre	1er	2000	»	S/ facture indigo à soixante jours . . .	1er	Novembre	—	120	2
— Octobre	10	5000	»	Espèces.	10	Octobre	—	99	4
		450	83	**Intérêts** sur la balance des nombres				27	
		50450	83					44	
1865 Décembre	31	10450	83	A nouveau **solde débiteur.** Valeur.	31	Décembre 1865			

MARCHE PROGRESSIVE AVEC RETOUR
PROUVÉE PAR LA MARCHE RÉTROGRADE ET PAR LA MARCHE PROGRESSIVE AVEC NOMBRES ROUGES

Il arrive quelquefois que, se basant sur les usages du commerce, on prépare les comptes de ses correspondants pour les leur remettre au 30 juin et au 31 décembre, deux époques qui divisent également l'année.

commerciaux qui donnent les balances d'intérêts 452 fr. 24 c. et 450 fr. 83 c. sont seuls équitables, et que tout autre système produit des intérêts qu'on pourrait appeler usuraires.

Pour s'en convaincre, il suffirait de comparer le compte nº 12 au compte nº 13.

Dans nos exemples nᵒˢ 12, 13, 14 et 15, on a supprimé deux chiffres sur la droite de chaque nombre, suivant la coutume de la Banque ; mais, pour trouver l'intérêt aussi juste que possible, il convient d'ajouter deux zéros à la balance des nombres avant de la diviser par 6, et alors il faut séparer, sur la droite du quotient, les trois décimales d'usage.

DU COMPTE COURANT Nº 12

Nº 14.)

RTIN, *de Bordeaux* (**nombres réduits**), *arrêté au 31 décembre 1865.* **AVOIR**

65 Août	8	10000	»	S/ remises, échéance commune.	20	Octobre 1865	111	11100
— Septembre	15	8000	»	S/ billet à mon ordre	15	Décembre —	167	13360
— Décembre	1er	2000	»	S/ versement	1er	dᵒ —	153	3060
				10000, **Balance des capitaux.** Vt	31	dᵒ —	183	18300
		10458	30	**Solde débiteur.**				
		30458	30					45820

Nº 23.

DU COMPTE COURANT Nº 13

Nº 15.)

RTIN, *de Bordeaux* (**nombres réduits**), *arrêté au 31 décembre 1865.* **AVOIR**

65 Août	8	10000	»	S/ remises, échéance commune	20	Octobre 1865	109	10900
— Septembre	15	8000	»	S/ billet à mon ordre	15	Décembre —	164	13120
— Décembre	1er	2000	»	S/ versement	1er	dᵒ —	150	3000
				(10000) **Balance des capitaux.** Vt	31	dᵒ —	179	17900
		10450	83	**Solde débiteur.**				
		30450	83					44920

Nº 24.

La plupart du temps, c'est par la marche progressive qu'on traite ces comptes, quand on a prévu leur date de clôture. Si on les faisait par la marche rétrograde, le changement apporté dans l'arrêté-compte ne serait pas une surprise et ne dérangerait en rien les calculs entrepris, puisque, par cette méthode précieuse, tous les calculs sont préparés à l'avance, sans qu'on ait à se préoccuper du terme du compte courant ; aussi ne plaçons-nous ici l'exemple nº 17 que pour faire la preuve du compte nº 16, et montrer une fois de plus les avantages de la marche rétrograde sur la progressive, c'est à dire les avantages du progrès sur la routine.

MARCHE PROGRESSIVE

(EXEMPLE N° 16.)

DOIT   *M. VERNET son compte courant et d'intérêts à 5 % l*

1865	Janvier	1er	5000	»	Solde du compte précédent........	1er	Janvier	1865	180	90
—	Février	10	8000	»	Espèces.....................	10	Février	—	140	112
—	d°	20	10000	»	M/ remise sur Paris.............	15	Mars	—	107	107
—	Mars	1er	2000	»	M/ facture indigo à soixante jours.....	1er	Mai	—	60	15
—	Avril	10	5000	»	Espèces.....................	10	Avril	—	81	40
			538	47	**Intérêts** sur les nombres au	1er	Juin	—		
			50558	47						360
			10558	47	A nouveau **solde débiteur**.......	1er	Juin 1865			

MARCHE RÉTROGRADE

(EXEMPLE N° 17)

DOIT   *M. VERNET son compte courant et d'intérêts à 5 % l*

1865	Janvier	1er	5000	»	Solde du compte précédent........	1er	Janvier	1865	époque	
—	Février	10	8000	»	Espèces....................	10	Février	—	40	3
—	d°	20	10000	»	M/ remise sur Paris............	15	Mars	—	75	7
—	Mars	1er	2000	»	M/ facture indigo à soixante jours....	1er	Mai	—	120	2
—	Avril	10	5000	»	Espèces....................	10	Avril	—	99	4
			538	47	**Intérêts** sur la balance des nombres...	1er	Juin	—		24
			50558	47						42
			10558	47	A nouveau **solde débiteur**.......	1er	Juin 1865			

Nous ne prétendons pas empêcher le commerce de préparer d'avance ses
comptes courants au moyen de la marche progressive; seulement nous signalons
que souvent le correspondant demande son compte plus tôt ou plus tard que le
terme choisi sans son adhésion, en sorte qu'il faut sacrifier le compte qu'on

MARCHE PROGRESSIVE AVEC NOMBRES

(EXEMPLE N° 18)

DOIT   *M. VERNET son compte courant et d'intérêts à 5 % l*

1865	Janvier	1er	5000	»	Solde du compte précédent........	1er	Janvier	1865	151	7
—	Février	10	8000	»	Espèces....................	10	Février	—	111	5
—	d°	20	10000	»	M/ remise sur Paris............	15	Mars	—	78	7
—	Mars	1er	2000	»	M/ facture indigo à soixante jours....	1er	Mai	—	31	2
—	Avril	10	5000	»	Espèces....................	10	Avril	—	52	2
					Nombres rouges du crédit......					1
			538	47	**Intérêts** sur la balance des nombres.					
			50558	47						28
			10558	47	A nouveau **solde débiteur**.......	1er	Juin 1865			

AVEC RETOUR D'INTÉRÊT

(NOMBRES RÉDUITS.)

MARTIN, *de Bordeaux, arrêté au 30 juin 1865.*   **AVOIR**

Février	8	10000	»	S/ remises, échéance commune......	20	Avril 1865	71	7100
Mars	13	8000	»	S/ billet à mon ordre............	15	Juin —	13	1200
Juin	1er	2000	»	S/ versement	1er	do —	29	580
				(10000, **Retour d'intérêts** sur la balance des capitaux	1er	Juin —	29	2900
		10338	47	**Balance des nombres**				24370
				Solde débiteur.				
		30338	47					36150

N° 25.

PREUVE DE L'EXEMPLE N° 16

(NOMBRES RÉDUITS.)

MARTIN, *de Bordeaux, arrêté au 30 juin 1865.*   **AVOIR**

Février	8	10000	»	S/ remises, échéance commune......	20	Avril 1865	109	10900
Mars	13	8000	»	S/ billet à mon ordre............	15	Juin —	165	13200
Juin	1er	2000	»	S/ versement................	1er	do —	151	3020
		10338	47	(10000, **Balance des capitaux**	1er	Juin —	151	15100
				Solde débiteur.				
		30338	47					42220

N° 26.

avait préalablement fait, et qu'il faut aussi rectifier ses livres; en outre, il faut encore refaire, pour la satisfaction de qui le demande, un compte nouveau à une toute autre époque que celle primitivement admise. C'est ce qui est représenté par le compte n° 18.

ROUGES : PREUVE DES EXEMPLES Nos 16 & 17

(NOMBRES RÉDUITS.)

MARTIN, *de Bordeaux, arrêté au 1er juin 1865.*   **AVOIR**

Février	8	10000	»	S/ remises, échéance commune......	20	Avril 1865	42	4200
Mars	13	8000	»	S/ billet à mon ordre............	15	Juin —	14	1120
Juin	1er	2000	»	S/ versement espèces............	1er	do —	époque	»
		10338	47	**Balance des nombres**				24370
				Solde débiteur.				
		30338	47					28570

N° 27.

Maintenant, nous venons apporter à ce travers un redressement facile à exécuter et très utile à connaître. Si on veut bien suivre avec nous l'analyse de l'exemple n° 16, on verra qu'on peut rectifier à son aise un compte courant fait à un terme adopté, sans avoir à le refaire en cas de changement d'époque et quand les calculs des nombres sont tout faits.

M. Martin a préparé le compte courant n° 16, comptant le produire le 30 juin à son débiteur, M. Vernet. Les nombres sont tout faits et les jours ont été comptés de chaque échéance au 30 juin ; mais il arrive que M. Vernet fait connaître qu'il a besoin de son compte et qu'il le désire clôturé au 1er juin.

Pour satisfaire ce correspondant, on pourrait refaire le compte d'après le système du n° 18 (progressive avec nombres rouges). Mais nous avons déjà dit qu'il fallait éviter ce travail : expliquons comment.

Il faut, dans le compte n° 16, au moment où nous sommes prêts à l'arrêter, additionner les capitaux du débit et du crédit, et porter de suite la balance obtenue par la soustraction du côté le plus faible en capitaux. (Ici on a 10,000 fr. à porter au crédit.) Cette balance des capitaux, n'étant pas le solde définitif, doit être placée dans la colonne de l'énoncé des articles, avec ce libellé : « *Retour d'intérêt sur la balance des capitaux, valeur 1er juin.* »

On calculera ensuite les jours de cette somme du 1er au 30 juin, et on écrira le résultat, 29 jours, dans la colonne des jours, et 2900 nombres dans la colonne à côté et sur la même ligne. Après cette modification fort simple, on balancera le compte comme d'habitude, et voici pourquoi c'est rationnel : on a calculé les jours de chaque échéance au 30 juin, et, pourtant, il faut arrêter le compte au 1er juin, soit 29 jours plus tôt; par conséquent, on a multiplié chaque somme par 29 jours de trop (et les nombres sont trop forts en proportion de cet excédant de jours); il reste donc à trouver le moyen de diminuer 29 jours sur chaque nombre de jours et d'altérer les nombres eu égard à cette diminution.

S'il s'agissait seulement d'une somme, par exemple des 5,000 fr., première valeur du débit pour laquelle on a trouvé :

$$180 \text{ jours et } 9000 \text{ Nombres, on dirait :}$$
$$5000 \times 29 = 1450 \text{ Nombres, soit: } 29 \quad — \quad — 1450 \quad — \quad \text{à soustraire.}$$

Le reste . . . . . 151 jours et 7550 Nombres, exprimerait bien les jours et les nombres de cette somme au 1er juin.

Ce qui se peut sur cette somme se peut sur toutes les autres; nous pourrions donc multiplier tous les capitaux du débit par 29, et soustraire les nombres trouvés dans cette opération des nombres déjà obtenus; nous aurions ainsi les véritables nombres du débit au 1er juin. En procédant de la même façon au crédit, nous obtiendrions des nombres au 1er juin, et nous pourrions, après ce rétablissement, balancer les nombres du compte, mais ce serait beaucoup trop long encore; il vaut mieux, de suite, prendre (comme en rétrograde) la balance des capitaux, la placer du côté où elle est nécessaire, et, ensuite, la multiplier par 29 pour obtenir des nombres qu'on place dans la colonne d'usage. Remarquons bien qu'en balançant un compte dans ces dispositions, on défalque la balance des *nombres des 29 jours* de la balance des nombres *au 30 juin*; indubitablement, on ne peut que trouver pour différence la balance des nombres au 1er juin.

Dans tous les cas, on voit, par les exemples nos 17 et 18, qu'il est facile de se procurer une preuve positive de la justesse des comptes traités comme le n° 16.

Enfin, si le correspondant Vernet avait demandé qu'on arrêtât son compte au 15 juillet au lieu du 30 juin, il aurait fallu clôturer quand même ce compte au 30 juin et en déterminer le solde à nouveau ce jour-là; mais, ensuite, on aurait multiplié ce solde débiteur par 15, nombre de jours écoulés du *30 juin au 15 juillet*, et l'intérêt pris sur les nombres obtenus serait venu augmenter ce solde débiteur au 15 juillet.

NOMBRES ROUGES

DANS LES MARCHES AVEC RETOUR

On sait que, dans tout compte courant, il peut se trouver des échéances postérieures ou antérieures à l'époque de ce compte.

Dans la marche progressive, ce sont les échéances postérieures à l'arrêté-compte qui produisent des nombres rouges;

En rétrograde, les nombres rouges résultent des échéances antérieures à la date d'ouverture du compte.

On a vu, par les exemples nos 3 et 6 et leur définition, qu'on réglait facilement ces nombres rouges par la transposition.

Ici, on n'aurait pas éprouvé de difficultés, si les exemples nos 16 et 17, que nous venons de démontrer, avaient contenu des échéances postérieures au 30 juin ou antérieures au 1er janvier.

Dans la vue de régler ce compte au 30 juin, on aurait fait la transposition des nombres rouges avant la balance générale.

Ainsi, tous les nombres auraient été régularisés pour produire intérêt au 30 juin.

Mais, puisque la volonté de notre correspondant nous oblige à redresser son compte pour en ramener le solde et l'intérêt au 1er juin, nous n'aurions donc, — une fois les nombres rouges transposés, — qu'à terminer le compte comme dans les exemples nos 16 et 17.

Nota. — S'il y avait des valeurs reçues ou remises entre le 1er et le 30 juin, forcément il faudrait les éliminer du compte qu'on est en train de clôturer.

12

Puisqu'on se décide à arrêter le compte courant au 1er juin, on ne saurait y comprendre des sommes données ou reçues après cette époque de clôture.

Cependant, il faut en parler pour mémoire ; alors, quand le solde sera rapporté à nouveau, au dessous du compte, on placera ces sommes, au débit ou au crédit, comme éléments d'un compte nouveau faisant suite au précédent.

COMPTES COURANTS

AVEC DES COMMISSIONS ET DES SANS-VALEURS

DES COMMISSIONS

Les commissions se calculent à raison de tant pour cent, comme nous l'avons déjà expliqué en matière d'escompte et au titre des négociations de billets.

Parfois, les banquiers arrondissent les chiffres et calculent la commission sur 445 fr., par exemple, comme si c'était 500 fr. : ce n'est pas trop juste, et nous

MARCHE PROGRESSIVE A NOMBRES ROUGE

(EXEMPLE N°

DOIT   M. BERNARD, du Havre, son compte courant et d'intérêts réciproq

1865 Juillet	1er	950	»	Solde du compte précédent.....				1er	Juillet 1865	183
— do	3	1000	»	M/ facture à deux mois......				5	Septembre —	117
— do	20	250	»	M/ remise sur le Havre......	1/4 %	»	63	31	Juillet —	153
— Août	25	1400	»	Payé pour son compte.......				25	Août —	128
— Septembre	10	70	»	M/ envoi do do........				10	Septembre —	112
— do	15	210	»	M/ remise sur Paris........	1/10 »	»	21	20	do —	102
— do	30	815	»	M/ do sur Londres.......	1/2 »	4	08	15	Octobre —	77
— Octobre	12	420		Payé s/ compte de commissions sur diverses affaires.........				»	Sans valeur	»
— do	»	700	»	M/ facture à deux mois......				12	Décembre 1865	19
— do	25	830	»	M/ remise sur le Havre......	1/4 »	2	08	31	Octobre —	61
— Novembre	15	1110	»	S/ valeur sur Bordeaux impayée et frais.............				13	Novembre —	46
— do	»	560	»	M/ remise sur Lyon........	1/8 »	»	70	25	do —	36
— do	20	625	»	S/ traite sur moi.........				10	Janvier 1866	40
— do	30	210	»	S/ do do.........				5	Février —	36
— Décembre	7	? »		M/ facture marchandises en consignation...........					Sans valeur	»
				Commissions à porter à s/ crédit		7	70			
				Nombres rouges du crédit. Commissions sur ses remises. Intérêts sur la balance des nombres.						
		9	80							
		40	05							
		10759	85							
1865 Décembre	31	1442	15	(362,15) solde débiteur à nouveau......... Valeur. (1080, ») do do..				31	Décembre 1864	
								Balance des Sans-valeurs		

n'en tirerons pas exemple; mais, quelquefois, on est obligé de plier devant l'usage ou l'effet des conventions.

Quelques praticiens font leurs comptes courants sans colonnes pour les commissions, et au bas de leur feuille ils récapitulent toutes les sommes à $1/10$, $1/8$, $1/4$, $1/2$ $0/0$, par exemple; d'autres veulent des cases spéciales pour les commissions.

Cela surcharge le compte; à en juger par nos exemples nos 19 et 20, la colonne de l'énoncé des articles est très rétrécie.

Du reste, l'opération est facile.

Bernard produit son compte à Martin; ces correspondants sont d'accord sur le taux des commissions. Martin envoie des valeurs à Bernard, qui l'en crédite; mais celui-ci, pour ses soins d'encaissement, ses écritures et sa responsabilité, prendra une commission; il en calcule d'abord le chiffre au crédit de Martin, parce que les sommes qui donnent lieu à cet agio sont de ce côté; mais, ensuite,

AVEC COMMISSIONS & DES SANS-VALEURS

(NOMBRES RÉDUITS.)

6 % l'an, chez MARTIN, de Bordeaux, arrêté le 31 décembre 1865. **AVOIR**

5 Juillet	21	2000	»	M/ traite sur lui					21	Août	1865	132	2640
Août	10	480	»	S/ compte de commissions					»	Sans valeur	»	»	»
d°	»	1000	»	S/ envoi de fonds					10	Août	1865	143	1430
d°	31	400	»	S/ remise sur Bordeaux.	1/4 °/0	1	»	30	Septembre	—	92	368
Septembre	15	240	»	S/ d° sur Marseille.	1/8	»		30	31	Octobre	—	61	146
d°	25	800	»	S/ facture à trois mois					25	Décembre	—	6	48
Octobre	1er	200	»	M/ traite sur lui.					15	Novembre	—	46	92
d°	5	1100	»	S/ remise sur Bordeaux	1/4	»	2	75	10	d°	—	51	561
Novembre	10	420	»	S/ compte de commissions						Sans valeur	»	»	»
d°	29	500	»	S/ paiement pour mon compte. . .					29	Novembre	1865	52	160
Décembre	4	750	»	S/ remise sur Agen	1/2	»	3	65	25	Janvier	1866	25	182
d°	16	600	»	S/ facture à trois mois.					16	Mars	—	75	450
d°	26	840	»	S/ traite sur Laffargue, de Bordeaux	/4	»	2	10	31	Décembre	1865	époque	»
				Commissions à porter à s/ débit		9	80						
				Nombres rouges du débit.									138
		7	70	**Commissions sur mes remises.**									
				Balance des nombres.									2403
		9517	70										
		1442	15	Balance des capitaux.									
		10759	85										7986

N° 28.

Bernard débitera son correspondant du chiffre total des commissions, cela au moment de la clôture du compte courant.

Bernard aussi remet des valeurs à Martin ; ce dernier en crédite Bernard, mais il le débitera à son tour de la commission sur ces valeurs. Tout est là.

Il s'agit de concevoir que celui qui enverra des valeurs en sera crédité à mesure de la remise, et qu'on le débitera en bloc des commissions quand on réglera compte ; c'est un transport à faire.

DES SANS-VALEURS

Entre correspondants, les conventions sont tout et font loi.

Parfois, certaines sommes, dans un compte courant, ne portent pas intérêt, bien que toutes les remises qui les entourent en rapportent. De ce que ces échéances particulières sont, comme intérêt, des *non-valeurs*, on les a nommées des *sans-valeurs*.

MARCHE RÉTROGRADE AVEC COMMISSIONS

(Exemple N° 20.)

DOIT   M. Bernard, *du Havre, son compte courant et d'intérêts réciproques*

1865 Juillet	1er	950	»	Solde du compte précédent				1er	Juillet	1865	époque	»
— do	5	1000	»	M/ facture à deux mois				5	Septembre	—	66	66
— do	20	250	»	M/ remise sur le Havre	1/4 °/0	»	63	31	Juillet	—	30	7
— Août	25	1400	»	Payé pour son compte				25	Août	—	55	77
— Septembre	10	70	»	M/ envoi pour son compte				10	Septembre	—	71	5
— do	15	210	»	M/ remise sur Paris	1/10	»	21	20	do	—	81	17
— do	30	815	»	M/ do sur Londres	1/2	4	08	13	Octobre	—	106	86
— Octobre	12	180		Payé son compte de commissions sur diverses affaires					Sans valeur		»	»
— do	»	700	»	M/ facture à deux mois				12	Décembre 1865	164	114
— do	25	830	»	M/ remise sur le Havre	1/4	2	08	31	Octobre	—	122	1013
— Novembre	15	1110	»	S/ valeur sur Bordeaux impayée et frais				15	Novembre	—	137	132
— do	»	560	»	M/ remise sur Lyon	1/8	»	70	25	do	—	147	82
— do	20	625	»	S/ traite sur moi				10	Janvier 1866	193	120
— do	30	210	»	S/ do do				5	Février	—	219	46
— Décembre	7			M/ facture marchandises en consignation					Sans valeur		»	»
				Commissions à porter à s/ crédit		7	70					
		10710	»									8766
		40	5	**Intérêts** sur la balance des nombres								2403
		9	80	**Commissions** sur ses remises.								
		10759	85									11163
1865 Décembre	31	1442	15	(362,15) **solde débiteur** à nouveau. . . . . Valeur. (1080, ») do do					31 Décembre 1865			
									Balance des *Sans-valeurs*			

C'est à nous de voir l'influence des *sans-valeurs* sur les nombres dans les marches progressive, rétrograde et par échelette.

Dans la *marche progressive*, vu qu'on écrit (comme on le fait, du reste, aussi en rétrograde) l'expression *sans valeur* dans la colonne des jours et dans celle des nombres, cet incident des *sans-valeurs* ne trouble pas la marche du compte.

Il ne s'agit que de quelques nombres de moins.

Ce compte n° 19 se réglera donc comme d'usage en progressive ; il contient des nombres rouges occasionnés par les échéances postérieures à l'arrêté-compte, mais la transposition en a fait raison.

Les commissions ont été également transposées, et enfin le compte est clôturé comme nous savons.

Quant au solde, nous allons en parler plus loin.

Dans la *marche rétrograde*, quand les nombres faux sont formés, il faut, comme on se le rappelle, additionner les capitaux, en prendre la balance, que

ET DES SANS-VALEURS : PREUVE DU N° 19

(Nombres réduits.)

°/₀ *l'an, chez* MARTIN, *de Bordeaux, arrêté le 31 décembre 1865.*   **AVOIR**

5 Juillet	21	2000	»	M/ traite sur lui.				21	Août 1865	51	020
Août	10	[sv]		S/ compte de commissions.					*Sans valeur*	»	»
d°	»	1000	»	S/ envoi de fonds	¹/₄ °/₀	1	»	10	Août 1865	40	400
d°	51	400	»	S/ remise sur Bordeaux.	¹/₈ »	»	30	51	Septembre —	91	364
Septembre	15	240	»	S/ d° sur Marseille.				31	Octobre —	122	293
d°	25	800	»	S/ facture à trois mois.				25	Décembre —	177	1416
Octobre	1ᵉʳ	200	»	M/ traite sur lui				15	Novembre —	137	274
d°	5	1100	»	S/ remise sur Bordeaux.	¹/₄ »	2	75	10	d° —	152	1452
Novembre	10	.. 21		S/ compte de commissions					*Sans valeur*	»	»
d°	29	500	»	S/ paiement pour mon compte. . .				29	Novembre 1865	151	755
Décembre	4	750	»	S/ remise sur Agen	¹/₂ »	3	65	25	Janvier 1866	208	1518
d°	16	600	»	S/ facture à trois mois.				16	Mars —	258	1548
d°	26	840	»	S/ traite sur Laffargue, de Bordeaux.	¹/₄ »	2	10	31	Décembre 1865	185	1557
				Commissions à porter à s/ débit		9	80				
		9510	»							10577	
		7	70	520, **Balance des capitaux.** Vr				51	Décembre 1865	185	586
		1142	15	**Commissions** sur mes remises. **alance des capitaux.**							
		10759	85							11165	

N° 29.

l'on multiplie par la durée du compte courant; cette opération aboutit à faire trouver les nombres vrais par une balance générale. Si dans le compte il y a des sommes *sans-valeurs* au débit ou au crédit, il faut en éliminer tous les chiffres avant de balancer les capitaux, car autrement la balance des intérêts se trouverait altérée par ces sommes improductives d'intérêt placées au milieu de celles qui en rapportent.

Il serait donc bon de marquer les sommes des *sans-valeurs* d'un signe particulier ou de les écrire en rouge : on ne les confondrait pas dans la balance à faire pour le solde des capitaux.

Cependant ces sommes rouges s'additionneront comme capitaux, mais quand on arrêtera le compte seulement.

Dans la *marche par échelette*, on défalquera toutes les sommes rapportant intérêt, et quand la dernière de ces sommes sera défalquée, on défalquera les sommes des *sans-valeurs* qu'on a laissées de côté.

Maintenant, nous avons une observation sérieuse à faire sur la mise à nouveau du solde par rapport aux capitaux des *sans-valeurs,* tant dans la marche rétrograde que dans la marche progressive.

Il est clair que les sommes du débit et du crédit devant lesquelles se trouvent écrits les mots *sans valeur* sont improductives d'intérêt. D'après notre système, si le compte n'avait pas de suite, la position serait régularisée au 31 décembre 1865. Mais on a dû, dans la prévision d'une suite dans le compte, diviser le solde débiteur en deux parties quand on l'a porté à nouveau :

L'une portant intérêt à partir du 31 décembre ;

Et l'autre n'en portant pas même dans le compte qui s'ouvre.

Ici, cette opération a été possible, parce que le solde débiteur est assez fort pour comprendre la balance des capitaux *sans-valeurs*.

Mais il peut arriver trois cas :

1° Que ce solde *débiteur* ou *créditeur* soit plus faible que la balance des *sans-valeurs* ;

2° Que ce solde soit *débiteur* et que les *sans-valeurs* soient au crédit ou que leur balance soit créditrice ;

3° Que le solde soit au crédit et les *sans-valeurs* au débit, ou que leur balance se trouve débitrice.

Dans tous les cas autres que celui du solde de nos comptes n°ˢ 19 et 20, il faut, après avoir remis à nouveau le solde débiteur ou créditeur :

1° Déterminer à part la balance des capitaux *sans-valeurs ;*

2° Porter dans le nouveau compte, du côté convenable (dans la colonne de l'énoncé des articles, comme pour le solde des capitaux en marche rétrograde), cette balance débitrice ou créditrice, à laquelle on fera porter valeur à partir de l'ouverture du nouveau compte courant.

Ce raisonnement se comprend : le solde mis à nouveau repose sur les éléments du précédent compte, puisqu'il provient de leur défalcation. En le reportant à nouveau, on se trouve de faire produire désormais des intérêts aux *sans-valeurs* du précédent compte; pour parer à ce désagrément, il faut, par le moyen que nous indiquons, porter du côté opposé au solde l'intérêt sur la balance des *sans-valeurs*, pendant tout le nouveau compte courant, pour qu'à la fin il se trouve juste.

COMPTE COURANT

A MARCHE RÉTROGRADE

AVEC VARIATIONS DANS LE TAUX DE L'INTÉRÊT, RÉGLÉ PAR LE SYSTÈME DES NOMBRES RÉDUITS, ET AVEC COLONNES SPÉCIALES POUR L'INTÉRÊT

Le compte n° 21 que Martin, de Bordeaux, produit à son débiteur Clément, de Paris, est traité par la marche rétrograde.

Pendant sa durée, le taux de l'intérêt change trois fois :

Il est à 4 $\frac{1}{2}$ % de l'ouverture du compte au 5 mars 1865 ;

à 5 $\frac{1}{4}$ % du 5 mars au 10 avril 1865 ;

Enfin, à 6 % du 10 avril au 30 juin 1865.

Nous avons, dans cet exemple, laissé en blanc les colonnes des dates de remises, ainsi que celles de l'énoncé des articles.

Le même compte se trouvera traité sous les n°s 22 et 23, où le mode de règlement seul différera.

Nos suppressions et nos abréviations ne nuisent pas au sens de ces exemples, car on n'a que faire des dates de remises et du détail des articles pour calculer l'intérêt.

Dans notre exemple n° 21, puisqu'il y a trois changements dans le taux de l'intérêt, nous ferons trois arrêtés provisoires où les balances auront lieu comme d'usage.

D'abord, ici comme dans tous les comptes à marche rétrograde, c'est la première échéance (celle dont la date est la plus reculée) qui sert d'ouverture, d'époque autrement dit. Nous trouvons que le 5 janvier (première échéance du débit) ouvre le compte avec Clément, et c'est du 5 janvier à chacune des autres échéances qui prennent successivement place au débit et au crédit du compte, que nous calculerons les jours qui permettent de former de suite les nombres. Mais nous serons interrompus le 5 mars, car à cette époque l'intérêt change ; désormais le taux sera à 5 $\frac{1}{4}$ %.

Rien n'est plus facile que de régler cette première partie du compte courant.

On additionne les capitaux : au débit, on trouve 5,250 fr.; au crédit, c'est 4,700 fr. La balance, 550 fr., est conséquemment placée au crédit dans la colonne de l'énoncé des articles, parce qu'elle ne représente pas encore le solde définitif des capitaux, le compte se continuant.

Cette balance est multipliée par 59 jours, durée de ce petit compte comprise entre le 5 janvier et le 5 mars.

La balance des nombres totaux, 324 (on remarque ici que les nombres sont réduits de deux chiffres), est placée au crédit, et la balance générale des nombres en ce moment fait trouver 873 nombres vrais dont la place est au débit, et sur lesquels le diviseur de 4 1/2 % (8000) a fait trouver 10 fr. 90 c. d'intérêts. Cette dernière somme ne va pas de suite dans la colonne des capitaux : on la place dans une colonne à part, pour être utilisée comme il sera dit lors de l'arrêté définitif du compte courant.

MARCHE RÉTROGRADE AVEC VARIATIO
(Exemple

DOIT M. Clément, *de Paris, son compte courant et d'intérêts à* { 4 5 6

						Intérêts à 4 1/2 % à		
2500	»			Valeur.	5	Janvier 1865	époque	
1000	»				31	d° —	26	
900	»				20	Février —	46	
850	»				1er	Mars —	55	
		10	90	**Intérêts à 4 1/2 % sur la balance des** nombres au	5	*Mars* —		
5250	»							
						Intérêts à 5 1/4 % à		
1900	»			Valeur.	15	Mars 1865	10	
400	»				10	Avril —	56	
1000	»				20	Mars —	15	
				(1100) **Balance des capitaux.** Vr.	10	Avril —	55	
8550	»							
						Intérêts à 6 % à		
2100	»			Valeur.	15	Avril 1865	5	
2500	»				20	Mai —	40	
1700	»				5	Juin —	56	
		10	20	**Intérêts 6 % sur la balance des nom-**bres au	30	*Juin* —		
		21	10	**Intérêts du débit**				
14	60			**Balance des intérêts.**				
14664	60							
1514	60			**Solde débiteur** à nouveau. Valeur.	30	Juin 1865		

N° 30.

Les nombres étant balancés au crédit et au débit, on a tiré des traits sous leur total (2014), qui ne se reporte pas.

On aurait pu balancer les capitaux, en faire le solde, et le reporter à nouveau. Mais nous remarquons que c'est inutile, puisque ce solde serait, comme toujours, reporté valeur du jour de la clôture: ce qui ne donnerait, pour le compte suivant, ni jours ni nombres, cette date de clôture du premier arrêté servant d'arrêté au deuxième compte. Comme nous l'avons dit, on additionne simplement les capitaux, on ne tire aucun trait au dessous de leurs totaux, dans le but de laisser se continuer l'addition des capitaux d'une façon naturelle.

Il y a, du reste, un certain inconvénient à balancer les capitaux et à en reporter le solde, parce que si on y comprenait l'intérêt trouvé sur le premier compte,

DANS LE TAUX DE L'INTÉRÊT

N° 24.)

5 mars .
10 avril *chez* MARTIN, *de Bordeaux, arrêté le 30 juin 1865.*   **AVOIR**
30 juin

5 janvier 1865							
		(Diviseur : 8000					
500	»	. . . . Valeur.	10	Janvier 1865	5	25	
1300	»	. . . .	25	d° —	20	260	
1700	»	. . . .	13	Février —	41	69	
1200	»	. . . .	5	Mars —	59	708	
		(550) **Balance des capitaux.** V'.	5	d° —	59	524	
4700	»					2014	
5 mars 1865							
		(Diviseur : 6857)					
4100	»	. . . . Valeur.	10	Mars 1865	3	205	
850	»	. . . .	1er	Avril —	27	229	
	6 50	**Intérêts** à 5 1/4 °/₀ sur la balance des nombres au	10	Avril —		446	
9050	»					880	
10 avril 1865							
		(Diviseur : 6000)					
920	»	. . . . Valeur.	10	Avril 1865	époque	»	
1200	»	. . . .	15	Mai —	55	420	
380	»	. . . .	31	d° —	51	194	
1000	»	. . . .	23	Juin —	76	760	
		(1500) **Balance des capitaux.** V'.	30	d° —	81	1215	
	14 60	**Balance** des intérêts en notre faveur.					
	21 10						
		Solde débiteur pour balance.					
1314 60							
11664 60						2589	

13

on trouverait dans les arrêtés subséquents l'intérêt de l'intérêt, ce qui est irrégulier, sinon usuraire. (Voyez plutôt le compte n° 23.)

Cet abus, on l'évite, si on calcule comme nous. Poursuivons : dans le deuxième compte partiel, l'intérêt, disons-nous, est à 5 1/4 %. Nous ne devons pas calculer les jours à partir de la première échéance de ce petit compte, mais bien à partir du 5 mars, date du précédent arrêté-compte ; nous ferons les jours et les nombres comme nous avons expliqué ci-dessus, mais nous serons arrêtés le 10 avril par un changement dans le taux de l'intérêt, qui, de 5 1/4 %, s'est élevé à 6 %.

Il nous faut donc clôturer ce deuxième compte partiel, qui n'a duré que 36 jours.

Il suffit de le suivre pour voir comment nous avons balancé les capitaux et les nombres.

L'intérêt sur 446 nombres vrais, divisés par 6857, est de 6 fr. 50 c., qu'on a placés dans une colonne spéciale au crédit, et les traits ont été tirés comme dans le premier arrêté.

Dans le dernier compte auquel nous voici arrivés, la date d'ouverture est le 10 avril, qui était l'époque de clôture du deuxième arrêté.

En faisant les jours et les nombres, on a remarqué au crédit une valeur dont l'échéance était la même que celle de l'ouverture du compte, ce qui a fait mettre le terme *Époque* dans la colonne des jours, et des guillemets dans la colonne des nombres ; car, dans cette circonstance, il n'y a pas de nombres fictifs.

Enfin, le compte devant se terminer au 30 juin, on multiplie la balance des capitaux, 1500, par 81 jours écoulés entre le 10 avril et le 30 juin, et on balance les nombres.

L'intérêt à 6 %, 10 fr. 20 c., va au débit, dans la colonne réservée.

En ce moment, on additionne, de part et d'autre, ces colonnes spéciales d'intérêts ; au débit on trouve. . . . . F. 21 10
　　　Au crédit 6 50

Et on a pour balance des intérêts . . . . F. 14 60 qui reviennent au débit et qu'on place, cette fois, dans la colonne des capitaux.

Le compte étant terminé, on balance les capitaux, et le solde débiteur, 1,514 fr. 60 c., est définitivement établi.

On le place, pour balancer le compte, au crédit, et ensuite on le rapporte au débit, au dessous des traits, en lui faisant porter valeur au 30 juin 1865.

Le règlement de ce compte n'embarrassera personne ; en effet, les calculs ne sont-ils pas plus faciles, les jours étant plus faibles, les nombres se trouvant balancés, et les capitaux additionnés à chaque arrêté partiel ?

On peut, du reste, clairement voir que les arrêtés sont indépendants les uns des autres, et qu'une fois faits, on n'a plus à y recourir.

Enfin, si on ne veut pas régler les calculs des arrêtés à mesure des changements dans le taux de l'intérêt, qu'on laisse trois ou quatre lignes vides pour le règlement à faire dans un moment propice, ou tout au moins à l'époque de la clôture définitive.

Mais le retard doit être évité ; la marche rétrograde sert à régler les comptes d'avance, il ne faut pas l'oublier.

Le même compte sera fait par la marche progressive sous le n° 24.

Si on rencontre des nombres rouges dans ces sortes de comptes, on n'aura qu'à les transposer, comme d'habitude, avant de balancer les nombres.

MARCHE RÉTROGRADE
AVEC VARIATIONS DANS LE TAUX DE L'INTÉRÊT, RÉGLÉE PAR LE CALCUL IMMÉDIAT DES INTÉRÊTS SUR CHAQUE SOMME

Le compte courant n° 22, qui est le même que l'exemple n° 21, est réglé différemment.

On n'a pas fait ici les additions de chaque arrêté partiel aux époques où changeait le taux de l'intérêt ; on a laissé le compte se continuer.

Les jours ont été calculés comme dans l'exemple précédent, c'est à dire de l'ouverture du premier compte partiel à chacune des échéances de ce compte, qui trouve son terme au 5 mars ; puis, pour le second arrêté, on a cherché le temps compris entre le 5 mars (date conservée pour l'ouverture de ce second compte) et chacune des échéances. Ce deuxième compte s'arrêtant au 10 avril, c'est cette date qui sert d'époque pour le troisième et dernier arrêté, où on calcule alors les jours du 10 avril aux échéances, cela jusqu'au 30 juin, époque définitive d'arrêté-compte.

Mais on n'a pas placé, comme d'usage, les nombres dans leurs colonnes. Chaque nombre, au contraire, a été de suite divisé par le diviseur fixe correspondant aux taux de l'intérêt indiqué dans une colonne intercalée entre la colonne des jours et celle où se placent habituellement les nombres.

C'est dans cette dernière colonne, dite des nombres, qu'on place l'intérêt à mesure qu'on le calcule et qu'on le trouve.

Examinons le premier arrêté :

Une fois arrivé au 5 mars, époque où le taux de l'intérêt varie, on a considéré que les intérêts trouvés par cette marche rétrograde étaient des intérêts fictifs. On a alors pris la balance des capitaux (550 fr.), qu'on a placée dans la colonne de l'énoncé des articles, et qu'on a ensuite multipliée par 59 jours, durée du compte courant. Les nombres résultant de cette opération ont été divisés par 8000, diviseur fixe de 4 1/2 % ; les 4 fr. 06 c. trouvés pour quotient représentent la balance des intérêts totaux. Cette balance est, dans notre exemple, portée au crédit. Si, en ce moment, on additionnait les colonnes d'intérêt dans ce compte partiel, on trouverait pour balance définitive l'intérêt vrai, soit 10 fr. 90 c. au débit de Clément.

Mais cela ne se fait pas ainsi; le compte doit être continué sans interruption; nous procéderons de même que nous venons de faire dans les deux autres arrêtés suivants, et une seule balance générale sera faite en dernier lieu; ici, elle donne

MARCHE RÉTROGRADE A INTÉRÊTS

ET AVEC VARIATIONS DANS LE TAUX

DOIT M. CLÉMENT, de Paris, son compte courant et d'intérêts à $\begin{cases} 4\ 1/2 \\ 5\ 1/4 \\ 6 \end{cases}$

2500	»			. . . . Valeur.	5	Janvier 1865	époque	4 1/2 %	»	
1000	»			. . . .	51	d° —	26	»	5	25
900	»			. . . .	20	Février —	46	»	5	1
850	»			. . . .	1er	Mars —	55	»	5	85
1900	»			. . . .	15	d° —	10	5 1/4 »	2	75
400	»			. . . .	10	Avril —	36	»	2	1
1000	»			. . . .	20	Mars —	15	»	2	1
		1100	»	**Balance des capitaux**	10	Avril —	36	»	5	75
2100	»			. . . .	15	d° —	5	6 %	1	75
2500	»			. . . .	20	Mai —	40	»	15	35
1700	»			. . . .	5	Juin —	56	»	15	85
									60	00
14	60			**Intérêts du débit**						
				Balance des aglos . . . . . Valeur.	50	Juin —			14	60
11664	60								74	65
1514	60			A nouveau **solde débiteur.** Valeur.	50	Juin 1865				

COMPTE COURANT

AVEC VARIATIONS DANS LE TAUX DE L'INTÉRÊT, TRAITÉ PAR

LA MARCHE RÉTROGRADE

ET COMPRENANT LA BALANCE DE L'INTÉRÊT DANS CHAQUE ARRÊTÉ PARTIEL

Le compte courant n° 23 est traité d'après le système assez suivi en banque, pour le règlement des intérêts, lorsqu'il y a de fréquentes variations dans leur taux.

On enregistre, par cette méthode, les valeurs, à mesure de leur remise, dans les colonnes du compte courant; et comme on se sert de la marche rétrograde, on a donné à ce compte la toute première échéance pour époque d'ouverture.

Pour arriver à faire les nombres dans notre exemple, on calcule les jours de la date d'ouverture à chaque échéance *pendant tout le compte*, c'est à dire du 5 janvier à chaque autre échéance intermédiaire jusqu'au 30 juin : ce qui diffère du mode de calculer indiqué pour les exemples nos 21 et 22, dont les résultats sont pourtant plus exacts, plus conformes surtout aux principes de l'équité, à

14 fr. 60 c. pour balance des intérêts vrais à porter au débit de Clément. Enfin, on termine ce compte comme tous les autres comptes courants.

Note. — Nos lecteurs qui ne connaîtraient pas la *marche rétrograde* ne pourront guère comprendre les exemples nos 21 à 23 ; nous les engageons à étudier les définitions que nous avons déjà données sur cette marche rétrograde.

ALCULÉS SUR CHAQUE SOMME

L'INTÉRÊT. (EXEMPLE N° 22.)

mars)
avril } *chez* MARTIN, *de Bordeaux, arrêté le 30 juin 1865.* AVOIR
juin)

500	»	. . . . Valeur.	10	Janvier 1865	5	4 1/2 %	0	31		
1500	»	. . . .	25	do —	20	»	3	25		
1700	»	. . . .	13	Février —	41	»	8	71		
1200	»	. . . .	5	Mars —	59	»	8	83		
	550	» Balance des capitaux	5	do —	59	»	4	06		
4100	»	. . . .	10	do —	5	3 1/4 »	2	99		
850	»	. . . .	1er	Avril —	27	»	3	35		
920	»	. . . .	10	do —	époque	6 %	»	»		
1200	»	. . . .	15	Mai —	55	»	7	»		
380	»	. . . .	31	do —	31	»	3	25		
1000	»	. . . .	25	Juin —	76	»	12	67		
	1500	» Balance des capitaux	30	do —	81	»	20	25		
1511	60	Solde débiteur.								
14664	60	Intérêts du crédit.					74	65		

N° 31.

notre avis du moins. Dans l'exemple qui nous occupe, où tous les calculs sont faits d'avance, dès qu'un changement dans l'intérêt arrive, on interrompt la marche du compte, et on additionne les capitaux.

Leur balance est aussitôt multipliée par la durée du compte, comprise entre l'ouverture même de ce compte et le jour où change le taux de l'intérêt. Le résultat, c'est à dire la balance des nombres totaux, est placé dans la colonne des nombres (du même côté que celui où se trouve la balance des capitaux); ensuite, on balance les nombres. Dans notre cas, la balance des nombres vrais est 873, qu'on doit porter au débit.

On porte aussi de ce côté, et dans la colonne même des capitaux, les 10 fr. 91 c. d'intérêts trouvés. C'est justement cette manière de faire que nous critiquons, car on fait ainsi rapporter de *l'intérêt à l'intérêt*, ce qui ne devrait certainement pas avoir lieu.

Enfin, quand l'intérêt est à sa place, on tire des traits, comme dans notre exemple ; les additions du débit et celles du crédit sont alors descendues.

Il faut remarquer, pour l'utilité de cette démonstration, que les totaux des

MARCHE RÉTROGRADE AVEC VARIATION

ET AVEC L'INTÉRÊT COMPRIS DANS CHAC

DOIT   *M. Clément, de Paris, son compte courant et d'intérêts à*

2500	»	. . . . Valeur	5	Janvier 1865	époque	
1000	»	. . . .	31	do —	26	
900	»	. . . .	20	Février —	46	
850	»	. . . .	1er	Mars —	53	
10	91	**Intérêts** à 4 1/2 % sur la balance des nombres au	5	do —	»	
5260	91	**Nombres** de la balance des capitaux rapportés.				
1900	»	. . . . Valeur	15	Mars —	69	
400	»	. . . .	10	Avril —	95	
1000	»	. . . .	20	Mars —	74	
		(1,089f 09c) **Balance des capitaux** . .	10	Avril —	95	
8360	91	. . . . Valeur	15	Avril —	100	
2100	»	. . . .	20	Mai —	135	
2500	»	. . . .	5	Juin —	151	
1700	»	**Intérêts** à 6 % sur la balance des nombres au	30	do —	»	
10	48					
14671	39					
1515	05	A nouveau **solde débiteur** . . . . Valeur	30	Juin 1865		

capitaux ne balancent pas, mais que les totaux des nombres, au contraire, balancent parfaitement.

Cependant, sous ces divers totaux, on ne tire pas de traits de clôture, car on se propose de continuer le compte et de comprendre les chiffres déjà obtenus dans les calculs suivants.

Maintenant, passons au second arrêté ; on remarque que nous avons remis à nouveau les nombres de la balance des capitaux (324) ; en voici la raison :

Si on avait balancé les capitaux dans le premier arrêté, il aurait fallu reporter à nouveau la balance des capitaux, et, dans le nouveau compte partiel, cette balance aurait porté valeur au 5 mars, elle aurait produit au débit 324 nombres.

Or, dans notre exemple, où les capitaux n'ont pas été définitivement balancés, et où, par conséquent, ils sont inégaux, il n'y a pas de balance des capitaux à reporter. Le compte se continue, et on voit, en comparant les totaux des sommes (du débit et du crédit), qu'entre elles il y a une disparité qui en est le solde. Il faut donc, puisqu'on n'a pas l'occasion de reporter le solde des capitaux, en reporter, du moins, les nombres, pour que le prochain arrêté soit juste.

ANS LE TAUX DE L'INTÉRÊT

ÊTÉ PARTIEL. (EXEMPLE N° 23.)

mars ⎫
vril ⎬ *chez* MARTIN, *de Bordeaux, arrêté le 30 juin 1865.*
uin ⎭   **AVOIR**

500	»	. . . . Valeur	10	Janvier 1865	5	25
1500	»	. . . .	25	d° —	20	260
1700	»	. . . .	15	Février —	41	697
1200	»	. . . .	5	Mars —	59	708
		550) **Balance des capitaux**	5	d° —	59	4
4700	»					2014
4100	»	. . . .	10	Mars —	61	2024
850	»	. . . .	1er	Avril —	86	731
6	54	**Intérêts** à 5 1/4 % sur la balance des				
		nombres au	10	*Avril* —		155
9656	54					5804
		Nombres de la balance des capitaux rap-				
		portés.				1034
920	»	. . . . Valeur	10	Avril —	95	874
1200	»	. . . .	15	Mai —	150	1560
580	»	. . . .	51	d° —	146	555
1000	»	. . . .	25	Juin —	171	1710
		1,504f 56c **Balance des capitaux** . .	30	d° —	176	2648
1515	05	**Solde débiteur.**				
14671	59					14205

N° 32.

Veut-on une autre explication? La voici :

Quand on soldera le second arrêté, on additionnera les capitaux et on en fera la balance; cette balance du second compte partiel ne comprend-elle pas celle du tout premier, comme la toute dernière comprendra tout à l'heure les deux précédentes?

Cette seconde balance sera multipliée par 95 jours, temps compris entre l'ouverture de tout le compte et le terme du deuxième arrêté; est-ce que ces 95 jours ne comprennent pas à la fois la durée du premier arrêté et celle du second?

Cette deuxième balance des nombres serait donc trop forte de toute la balance du premier arrêté si on ne se hâtait de rapporter dans la colonne des nombres du second arrêté les 324 nombres représentant la première balance des nombres totaux (ce qui fait que cette balance se trouve placée du côté opposé à celui où elle se trouvait primitivement). Ces inconvénients n'existent pas dans l'exemple n° 21, aussi réglé par les nombres, parce que les balances des capitaux y sont multipliées par la durée des comptes partiels seulement.

Ici, nous sommes obligés d'admettre que nos lecteurs ont étudié les deux exemples précédents; à cette condition, ils n'auront qu'à jeter les yeux sur le compte n° 23, pour voir comment on l'a clôturé, et peut-être cet exemple leur paraîtra-t-il plus simple que les précédents. Quels que soient pourtant les mérites de cette méthode, nous n'en approuvons pas l'usage, car on ne doit pas faire capitaliser les intérêts en si peu de temps.

Dans notre compte, l'intérêt de l'intérêt ne donne que 0 fr. 45 c. Mais parfois la différence est plus forte.

MARCHE PROGRESSIVE AVEC VARIATION

ET COLONNES SPÉCIALES D'INTÉRÊT

(EXEMPLE

DOIT — M. CLÉMENT, *de Paris, son compte courant et d'intérêts à* { 4 / 5 / 6

				Intérêts à 4 1/2 %/o à d					
2500	»			. . . . Valeur	5	Janvier 1865	39	1	
1000	»			. . . .	31	d° —	35		
900	»			. . . .	20	Février —	15		
850	»			. . . .	1er	Mars —	4		
		10	90	**Intérêts à 4 1/2 %/o sur la balance** des nombres au	5	*Mars* —			
5250	»								1
						Intérêts à 5 1/4 %/o à da			
550	»			**Solde débiteur** . . . . . Valeur	3	Mars 1865	56		
1900	»			. . . .	15	d° —	26		
400	»			. . . .	10	Avril —	époque		
1000	»			. . . .	20	Mars —	21		
1100	»			**Balance des nombres** . . . . . **Balance des capitaux.**					
4950	»								1
						Intérêts à 6 %/o à dat			
2100	»			. . . . Valeur	15	Avril 1865	76	1	
2500	»			. . . .	20	Mai —	41		
1700	»			. . . .	5	Juin —	25		
		10	20	**Intérêts à 6 %/o sur la balance des** nombres au	30	*Juin* —			
		21	10						
14	60			**Balance des intérêts.**					
6114	00								2
1514	60			A nouveau **solde débiteur**. . Vr	30	Juin 1865			N

DÉFINITION DU COMPTE N° 24

Le compte n° 24, qui prouve l'exactitude des trois précédents exemples, est traité par la marche progressive, que nous avons déjà définie. (Voir les exemples n°s 1, 2 et 3.)

Les jours y sont comptés de la première échéance de chaque compte partiel aux autres échéances intermédiaires jusqu'à la clôture.

DANS LE TAUX DE L'INTÉRÊT

PREUVE DES EXEMPLES N°s 21, 22 ET 23.

N° 24.)

5 mars
10 avril   *chez* MARTIN, *de Bordeaux, arrêté le 30 juin 1865.*   **AVOIR**
30 juin

5 janvier 1865.			(Diviseur : 8000)					
	500	»	. . . . Valeur.	10	Janvier 1865	54	270
	1300	»	. . . .	25	d° —	39	507
	1700	»	. . . .	15	Février —	18	306
	1200	»	. . . .	5	Mars —	époque	»
	550	»	**Balance des nombres . . . . .**				873
			Balance des capitaux.				
	5250	»					1956
5 mars 1865.			(Diviseur : 6857)					
	. 4100	»	. . . . Valeur.	10	Mars 1865	31	1271
	850	»	. . . .	1er	Avril —	9	77
		6 50	**Intérêts à 4 1/2 %** sur la balance				
			des nombres au.	10	*Avril* —		
	4950	»					1348
10 avril 1865.			(Diviseur : 6000)					
	1100	»	**Solde créditeur. . . . .** Valeur.	10	Avril 1865	81	891
	920	»	. . . .	10	d° —	81	745
	1200	»	. . . . , ...	15	Mai —	46	552
	380	»	. . . .	31	d° —	30	114
	1000	»	. . . .	25	Juin —	5	50
			Balance des nombres				612
		14 60	**Balance des intérêts** en ma faveur.				
		21 10					
	1514	60	**Balance des capitaux.**				
	6114	60					2964

14

On fait facilement la balance des nombres, puisque ce sont des nombres vrais, et l'intérêt se place, comme dans l'exemple n° 21, dans des colonnes spéciales, ce qui permet d'en faire séparément la balance quand arrive la clôture générale du compte.

Ce compte courant diffère des autres en cela surtout que chaque arrêté partiel a été balancé et soldé, et que le solde en a été reporté à nouveau, valeur du jour du dernier arrêté.

Nous ne parlons pas de la clôture, nous devons à présent savoir balancer tous les comptes courants.

DERNIÈRES OBSERVATIONS

ET REMARQUES SUR LES OPÉRATIONS DE BANQUE

Si on a lu nos définitions sur l'*échéance commune* et sur les négociations de billets, on a retenu sans doute que les banquiers se servent bien souvent de ces deux moyens de calcul.

Par le premier, ils font le total de plusieurs valeurs à échéances diverses, et ils assignent à ce bloc une seule échéance, dite moyenne, ce qui donne lieu à une seule ligne d'écriture dans le compte courant.

D'autres fois, usant du second système, ils font le net produit d'un bordereau qu'on leur remet, que ce bordereau soit composé d'un ou de plusieurs billets, et, au lieu de porter dans un compte courant les chiffres bruts des remises qu'on leur fait, valeur aux échéances, ils portent, sur une seule ligne, un total unique qui est le net produit du bordereau, valeur du jour de la remise.

Exemple :

Paul remet en compte, le 1er janvier 1865, à Pierre, banquier, un effet de 30,000 fr. à trois mois, ou trois effets de 10,000 fr. à trois mois, ce qui importe peu, puisque cela fait toujours 30,000 fr. à trois mois.

Pierre peut passer ses écritures de deux manières :

1° Il peut porter les 30,000 fr. au crédit de Paul, valeur du 1er avril ;

2° Il peut également calculer de suite l'agio et la commission qu'il aurait à retenir à Paul, s'il lui comptait immédiatement l'argent de sa remise ; il trouverait à 6 %, par exemple, 450 fr. à déduire, et il porterait au crédit du compte de son correspondant 29,550 fr., valeur 1er janvier 1865.

En banque, ce dernier système est bien suivi.

On peut trouver que cela simplifie certains comptes, et que, entre autres avantages, ce procédé a celui de faire disparaître les nombres rouges des comptes courants.

Nous, nous dirons pourtant que cela occasionne une opération de plus que si on avait calculé par la première manière ; ainsi, il faut un calcul pour trouver le net produit, et puis, quand on prépare le règlement, on fait encore un autre calcul pour avoir l'intérêt de ce net produit du 1er janvier à l'époque de clôture.

Le véritable côté avantageux est pour Pierre, qui fait de suite produire intérêt à ses 450 fr. d'agio. C'est 13 fr. 50 c. qu'il gagne sur Paul.

PREUVE :

Si l'on porte au crédit de Paul 30,000 fr., valeur 1er avril à 6 %, au 30 juin, ce dernier sera créditeur de 450 fr. d'intérêt, et en tout, par conséquent, de . . . . F. 30,450 »

Qu'au lieu de cela, suivant l'usage trop répandu en banque, on déduise de suite les 450 fr. d'agio du 1er janvier au 1er avril, on trouvera 29,550 fr. à porter au crédit de Paul, valeur 1er janvier, ce qui fera au 30 juin : intérêts à 6 % . . . . F. 886 50

Plus, le capital précité . . . . 29,550 »

TOTAL . . . . . F. 30,436 50   30,436 50

Il est bien clair que Paul perd par ce second système . . . . . . F.   13 50

C'est assez positif, et, cette fois, la logique de nos chiffres aura-t-elle raison ?

On aura beau nous dire que c'est l'usage de faire ainsi, que c'est toléré ; c'est possible, mais ce n'est pas juste, pour ne pas dire plus.

Nous terminerons en disant que les bons, les reçus, les chèques sur les banquiers n'occasionneront jamais des complications, des difficultés, pour le calcul des intérêts, dès que les praticiens ne considéreront dans ces titres que la somme et l'échéance ; car il ne leur faut rien de plus en matière de comptes courants.

On trouvera aussi des comptes courants avec des colonnes de détail mises dans l'énoncé des articles à côté de la colonne habituelle des capitaux ; dans ce cas, on remarquera que les chiffres placés dans ces colonnes sont récapitulés et que leur addition, alors, va dans la colonne des capitaux : c'est tellement simple, que nous n'avons pas cru devoir augmenter à ce sujet notre ouvrage d'un exemple particulier.

Les personnes qui se serviront de notre méthode pour leur instruction ne comprendront réellement bien les comptes courants qu'en étudiant les exemples dans leur ordre de succession.

On ne pourra guère étudier d'une manière profitable un exemple ou une démonstration, si on ne possède pas les précédentes définitions ; ici, comme en toute chose, il faut aller graduellement : c'est le meilleur et le plus sûr moyen d'apprendre avec fruit.

APPENDICE

PREUVES APPLICABLES AUX QUATRE PREMIÈRES RÈGLES

Il faut s'habituer à calculer rapidement, sûrement et avec facilité.

Pour atteindre ce triple but, il ne faut pas se contenter de repasser simplement les calculs qu'on vient de faire : on s'expose ainsi à commettre des erreurs nouvelles ou à laisser passer inaperçues celles que l'on recherche.

Le meilleur moyen pour calculer utilement, c'est d'employer des preuves spéciales qui, en changeant les chiffres dans chaque opération, écartent ainsi toute chance d'erreur.

En matière de banque et de comptabilité générale, il faut que les chiffres soient incontestables; aussi ne doit-on pas dédaigner de revenir aux quatre règles pour leur donner une preuve.

Celle que nous proposons est certainement colossale en présence de la courte addition qui sert d'exemple, mais nous ne pouvons pas placer dans ce traité abrégé une grande opération.

Une table de multiplication est placée à la fin de cet ouvrage pour rappeler aux praticiens qu'on calcule d'autant mieux qu'on possède bien son livret.

PREUVE DE L'ADDITION

EXEMPLE :	(A)	(B)	(C)
1452	31	3 1	31
9306	29	3 2	33
7893	24	2 7	27
2016	31		
4895		3 3 7 2 1	33731
8159	33721		

Total : 33721

Règle. — On peut faire d'abord l'addition comme d'usage, en reportant sur chaque colonne successive la retenue qui lui revient; puis ensuite on emploiera, pour contrôler l'opération, l'une ou l'autre des deux preuves que nous proposons et que nous avons marquées A, B.

Preuve A. — Elle se fait en additionnant chaque colonne isolément et sans rien retenir; mais, en revanche, chaque produit partiel doit être placé de façon à être additionné plus tard dans l'ordre voulu.

NOTA. — On peut commencer l'addition des colonnes, de gauche à droite, ou de droite à gauche indifféremment.

Preuve B. — On additionne aussi, dans l'ordre habituel, chaque colonne, en observant de commencer de droite à gauche invariablement; il ne faut pas échelonner les produits partiels, parce que, dans ce cas, ils sont tous pourvus de la retenue qui se reporte successivement; on ne fait donc pas une dernière addition comme dans le premier cas, mais on dispose les produits en sens vertical, soit les uns sous les autres. Enfin, entre le dernier et l'avant-dernier produit, on tire un trait horizontal et on abaisse, dans leur ordre, les chiffres de la droite qui n'ont pas été utilisés comme retenues.

Ainsi, dans notre cas, 31 est le produit de l'addition de la première colonne; ce chiffre est pris en note, et on reporte la retenue 3 sur la colonne des dizaines, qui donne à son tour pour produit 32, chiffre placé immédiatement sous le premier produit 31 ; on procède de la même façon jusqu'à la dernière colonne, dont le produit est 33. — On conçoit que si l'on tirait le trait de séparation au dessous de 33, il faudrait, sous ce trait, répéter ce dernier nombre et abaisser ensuite 7, 2, 1, pour former le total de l'addition; il vaut donc bien mieux, pour éviter cette répétition, tirer entre le dernier produit, 33, et l'avant-dernier, 27, un trait de démarcation, et descendre ensuite les chiffres non employés en qualités de retenues.

Si, entre le total qu'a donné l'addition ordinaire et celui déterminé par l'une ou l'autre de nos deux preuves, il n'y a point de différence, le résultat de l'addition est juste.

Néanmoins, nous conseillons quatre choses aux praticiens :

1° De ne pas faire, au préalable, l'addition ordinaire pour en rechercher ensuite la justesse par les preuves A, B ;

2° De faire, au contraire, l'opération A d'abord, ce qui est préférable;

3° De faire la preuve de cette opération ensuite par B ;

4° Et si, enfin, les deux preuves, bien que différant essentiellement l'une de l'autre, donnent le même résultat, il faut se décider (seulement dans ce cas) à porter le total obtenu au bas de l'addition entreprise.

Ferait-on des erreurs, que l'on ne serait pas obligé de rechercher l'exactitude des calculs par une troisième preuve : il suffirait de repasser les colonnes entachées d'erreur une fois avec la retenue, et une autre fois sans cette retenue.

Dans notre cas, nous rectifions comme cela l'erreur qui intéresse la deuxième colonne, sans refaire toute l'opération. (Voir opération C, à l'astérisque.)

Ainsi, c'est procéder rapidement que de faire une seule opération avec sa preuve, au lieu de repasser indéfiniment l'addition ordinaire, ce qui compromet la sûreté des calculs en multipliant les chances d'erreurs, attendu que, dans cette méthode, le même arrangement de chiffres se présente toujours devant les yeux.

D'autre part, quel désagrément n'éprouve-t-on pas, quand on est dérangé au milieu d'une grande addition? Tout l'édifice s'écroule, tandis que, d'après notre système, on ne perd jamais qu'*une partie* de l'addition *d'une seule colonne*.

Nos preuves sont des plus sûres, puisqu'avec des éléments qui diffèrent, on trouve les mêmes produits. En effet, dans le premier cas, on échelonne des chiffres dépourvus de la retenue ordinaire, et on les additionne; tandis que dans le second cas, on dispose les totaux partiels, pourvus de la retenue, les uns sous les autres, et on ne les additionne pas; mais on abaisse les chiffres dans leur ordre de succession et on obtient les mêmes totaux.

Notre méthode permet de calculer facilement. En effet, chaque produit partiel, dès qu'il est trouvé, est aussitôt déposé sur le papier, en sorte qu'on n'a pas à conserver les retenues dans la mémoire, ce qui fatigue beaucoup. Enfin, puisque, aussitôt qu'une colonne est additionnée, on prend note de son montant, on conviendra qu'en quelque endroit qu'on suspende son travail, on pourra le reprendre plus tard sans tout le recommencer; donc, tout en vaquant à ses travaux, on procède sans efforts.

PREUVE DE LA SOUSTRACTION

Au sujet de cette opération, nous ne connaissons que la preuve que personne n'ignore et qui consiste à additionner le nombre soustrait avec le reste pour arriver à la reproduction du chiffre duquel on a soustrait.

$$
\left.
\begin{array}{lr}
\text{EXEMPLE :} & 8214 \\
\text{dont on veut sortir :} & 5305 \\
\text{Différence ou reste :} & 2909
\end{array}
\right\} \text{Preuve : 8214.}
$$

Naturellement, on repasse d'une façon mentale : c'est à dire que, sans tirer de trait, on additionne, en remontant, 2909 avec 5305, et on n'a qu'à diriger ses regards en haut pour voir que le total est bien 8214.

PREUVE DE LA MULTIPLICATION

Un moyen de preuve bien connu, mais bien long, est celui qui consiste à recommencer la multiplication après avoir interverti l'ordre des facteurs, en sorte que si on a eu 315 à multiplier par 42, il faut refaire l'opération en multipliant 42 par 315.

Dans le premier cas, le multiplicateur ayant deux chiffres, on obtient deux produits partiels qu'il faut additionner; dans le second cas, le multiplicateur donnera trois produits partiels, parce qu'il contient trois chiffres. Évidemment si, avec des éléments qui diffèrent, on obtient des résultats semblables, c'est que l'opération est juste. (Voir exemple D.)

Quant à nous, nous proposons la preuve suivante :

La multiplication une fois faite, il faut : 1° réduire le multiplicande; 2° réduire le multiplicateur; 3° multiplier entre elles les réductions ainsi obtenues; leur produit, réduit également, doit égaler la réduction du total trouvé dans l'opération primitive.

EXEMPLE D :		PREUVE :	
	315		42
	42		315
	630		210
	1260		42
	13230		126
			13230

Maintenant, qu'est-ce que réduire un nombre?

C'est additionner en sens horizontal les chiffres de ce nombre en procédant de droite à gauche ou de gauche à droite indifféremment; ceci, de façon à n'avoir plus qu'un seul chiffre pour produit.

Cette preuve a une grande analogie avec la preuve par 9; elle est plus rapide que ce dernier moyen et donne les mêmes résultats; on la fait ordinairement de tête.

EXEMPLES :

(1)			(2)			(3)	
2435 5			3458 2			7895 2	
123 6			346 4			75 3	
7305 3			20748 8			39475 6	
4870			13832			55265	
2435			10374			592125 6	
299505 3			1196468 8				

EXPLICATIONS :

PREMIÈRE OPÉRATION. — L'addition horizontale du multiplicande donne 14, et 1 + 4 = 5, dernière réduction possible.

L'addition du multiplicateur produit 6.

La multiplication de ces deux réductions (5 par 6) donne 30, ou plutôt 3, car on réduit encore.

Alors il faut aller réduire le produit trouvé en premier lieu (299505); cela donne aussi 30 ou 3; donc, l'opération est juste.

DEUXIÈME OPÉRATION. — Réduction du multiplicande, 20 ou 2.

Réduction du multiplicateur, 13 ou 4.

Multiplication de ces deux réductions, 8.

Réduction du produit trouvé par la multiplication ordinaire (1196468), soit 35 ou 8.

TROISIÈME OPÉRATION. — Elle se fait comme les deux précédentes; sa réduction est 6.

PREUVE DE LA DIVISION

Il y a deux sortes de divisions : la division sans reste et la division avec reste.

La première se prouve en multipliant le diviseur par le quotient, ce qui reproduit exactement le dividende quand l'opération est juste.

La seconde (celle qui laisse un reste) trouve sa preuve, qui doit être dans la reproduction du dividende, au moyen de l'addition du reste avec le produit de la multiplication du diviseur par le quotient.

Nous proposons de substituer à ces preuves le moyen rapide de la réduction (même procédé que pour l'opération précédente).

PREMIER EXEMPLE : DIVISION SANS RESTE :

Réduction. Dividende : 6 ...... 592125 | 75   Réduction : 3
                      671   7895   ......   × 2
                      712   6 = dividende.
                      375
                      000

On conçoit qu'il est bien plus prompt et bien plus facile de multiplier entre elles les deux réductions 3 et 2 que 75 par 7895 pour retrouver le dividende 592125, dont la réduction est 6.

DEUXIÈME EXEMPLE : DIVISION AVEC RESTE :

Dividende : 2 ...... 84260 | 724 4
               1486   116 ...... ⨉ 8

               4620   5

Reste :   276   6

                                   2 — dividende.

EXPLICATIONS :

La réduction du diviseur est d'abord 13, puis enfin 4 (puisqu'on réduit horizontalement jusqu'à ce qu'on n'ait plus qu'un seul chiffre). La réduction du quotient est 8; on multiplie 4 par 8, ce qui donne 32. Ce dernier nombre réduit devient 5 ; à ce chiffre il faut ajouter la réduction du reste, laquelle, de 15 qu'elle est d'abord, devient 5. L'addition du produit 5 avec 6 donne 11, soit 2 : réduction égale à celle du dividende, qui donne 20, ou plutôt 2 aussi.

FIN

TABLE DES MATIÈRES

TABLE DE MULTIPLICATION

2	2
	4

3	2	3
	6	9

4	2	3	4
	8	12	16

5	2	3	4	5
	10	15	20	25

6	2	3	4	5	6
	12	18	24	30	36

7	2	3	4	5	6	7
	14	21	28	35	42	49

8	2	3	4	5	6	7	8
	16	24	32	40	48	56	64

9	2	3	4	5	6	7	8	9
	18	27	36	45	54	63	72	81

10	2	3	4	5	6	7	8	9	10
	20	30	40	50	60	70	80	90	100

11	2	3	4	5	6	7	8	9	10	11
	22	33	44	55	66	77	88	99	110	121

12	2	3	4	5	6	7	8	9	10	11	12
	24	36	48	60	72	84	96	108	120	132	144

13	2	3	4	5	6	7	8	9	10	11	12	13
	26	39	52	65	78	91	104	117	130	143	156	169

14	2	3	4	5	6	7	8	9	10	11	12	13	14
	28	42	56	70	84	98	112	126	140	154	168	182	196

15	2	3	4	5	6	7	8	9	10	11	12	13	14	15
	30	45	60	75	90	105	120	135	150	165	180	195	210	225

16	2	3	4	5	6	7	8	9	10	11	12	13	14	15	16
	32	48	64	80	96	112	128	144	160	176	192	208	224	240	256

17	2	3	4	5	6	7	8	9	10	11	12	13	14	15	16	17
	34	51	68	85	102	119	136	153	170	187	204	221	233	255	272	289

18	2	3	4	5	6	7	8	9	10	11	12	13	14	15	16	17	18
	36	54	72	90	108	126	144	162	180	198	216	234	252	270	288	306	324

19	2	3	4	5	6	7	8	9	10	11	12	13	14	15	16	17	18	19
	38	57	76	95	114	133	152	171	190	209	228	247	266	285	304	323	342	361